α plus《アルファ プラス》 入試突破

現代文〈評論〉の読み方

対《つい》崎《ざき》正《まさ》宏《ひろ》

開拓社

はじめに

あなたは、現代文の授業や参考書が、実際の試験にほとんど役に立っていない、と感じてはいませんか。

また、あなたの現代文読解学習は、目の前の文章の（なんとなくの）内容理解だけで終わっていませんか。

文章に書かれていた知恵や知識を得ることが、まるで現代文読解学習の主眼であるかのようになっていませんか。

本書が、驚きと感動の読解をお見せします。あなたの想像を超えた、生きた現代文読解です。

本書は、日本語の文章と、設問のつくりを目に見える形で示しています。だから、どのような内容の文章の問題でも通用します。内容と形の両面からの理解です。

読解センスのある方も、国語の苦手な方も、みな一様に深く学ぶことができるつくりになっています。

テクニック本ではありません。

日本語の文章の「真」のチェックです。センター試験問題を大問丸ごと、分析しています。確実に得点に繋がる力がつきます。

「本物」の一冊です。

新しい力を、あなたにお約束します。

対崎《ついざき》 正宏《まさひろ》

目次

本書を使用するにあたって

時間制限なしに、第1問から解答し、大問一問すべて解答しましょう。自分の答、考えを持つことは、解説を読む上で大切です。

センター試験は問1から問6までで1セット、完成形です。本書の解説・チェックも、必ず大問一問通して、読んでください。それにより、日本語の文章と、問題・答のつくりが理解でき、読解の力、得点力もつきます。

第1問と第2問の〈解説・チェック〉は、文字の見方、語句の形、日本語の文章の流れと設問のつくりなどを、よく理解してもらうことに重点を置いています。

第3問、第4問は、〈解説・チェック《実践編》〉になっています。実際に試験で解答していく形に近い文章チェックです。これらは、第1問、第2問の〈解説・チェック〉の次の段階としてあります。第3問、第4問の〈解説・チェック《実践編》〉は、必ず、第1問、第2問の〈解説・チェック〉を読み終えてから進んでください。

自分の解答が、正解でも、不正解でも、一問一問の解説の中に発見があるはずです。文章の基本から、奥深いところまで記しています。何度も何度も読み返し、活用してください。

なお、本書を読むにあたって、特別な文法の知識は不要です。

〈解説・チェック〉について

実際のセンター試験国語現代文「評論」の大問を、通して解説・チェックしています。日本語の文章とその設問のつくりを目に見える形で示します。（本文中の、○や、━━線、～～線のチェックは、「一語」への意識、文の「形」

【ポイントと具体例の関係性】への意識を持ってもらうためのものです。読むというよりも、じっくりと見る目を養うためのつくりです。通常のように、すらすらと読まずに、一語一句、漢字一字の意味も意識してください。なお、本書の文章チェックは、品詞分解をして読むことを勧めているのではまったくありませんから、どうぞ方向性を間違えないでください）。

チェックの核は、キーワード（主語・指示語・頻出語）・表現技法・強調語です。（本書では、重要語をキーワード、ある程度ボリュームのある重要内容をポイントと呼んで説明しています）。→必ずポイントが問題となり、答となります。この意識もしっかり持ってください。これにより、文章、問題、答を予測（先読み）することができるようになります。

また、一方向からの見方の解答法は、次回違う文章と出あった際の解答力に繋がりません。本書では、問題によって、形の上から正解を導く方法を何通りも示しています。（その場合、**チェック〈そのⅠ〉**をまず置き、以降、**チェック〈そのⅡ〉**、**チェック〈そのⅢ〉**、……と続く形で記しています）。これは、文字の見方をより深く学んでもらうためです。

〈解説・チェック〉、**〈解説・チェック《実践編》〉**中での「◎」が付された事項は、日本語の文章、問題読解の、ポイント的内容です。本書中の大問4問は当然のことながらすべて日本語の文章、センター試験問題ですから、この「◎」の事項はそれぞれの大問の中でくり返し記されます。試験問題の文章の内容は違っても、日本語としての形式、書き方は同じだからです。「○」を付した事項は、そこの問題での文章内容と形式を説明したものです。つまり、「○」をミクロ的ポイント内容、「◎」をマクロ的ポイント内容と捉え、結びつけ、学習していってください。

評論
第1問

次の文章を読んで、後の問い（問1〜6）に答えよ。

ことばが語と文法からなるというのは、ことばをある切り口で切ったときの一つの事実ではある。しかしそうして切り取ったことばには、一つ、決定的に欠ける点がある。それはことばのもつ対話性を二次的にしか考えられないという点である。ことばはそもそも他者とのかかわりの場で働くもの。ところが、〈語―文法〉的なことば観は、しばしば独我論（注1）的で、そこに他者とのかかわりが見えてこない。

もちろん、ことばを道具として獲得したのちには、その道具を使って他者と対話することにはなる。しかしそこにおいて、対話はことば獲得の結果であって、それ以上のものではない。言い換えれば、このことば観のなかでは、ことばが獲得されたのち、それによってはじめて他者との対話が可能になるのであって、他者との対話（もちろんことば以前の）からことばが生まれてくるという発想がない。つまりことばそのもののもつ第一次的、本質的な対話性に目を向ける視点が、そこにはすっぽり抜け落ちているのである。Aこのことば観によっては、ことばが私たちの生活世界において働くその様をありのままに見ることはできない。

身体とことばを共通の糸でむすぶのは、おそらくこの対話性である。とすれば、ことば自体のもつ対話性の切り口を離れて、身体とことばのかかわりを見てとることはできない。現に〈語―文法〉的ことば観においては、ことばが身体性に接続する土俵がまったく見えないように、私には思える。

では、私たちはどのようなことば観のもとに出発すればよいのか。ともあれ、まずはことばが私たちの生活において働いているその現場を、いくつかの例から取り出して見てみることが必要となる。

「ことばの宇宙」という言い方がある。それは私たちが、直接に目で見、耳で聞き、手で触って確認できるものの世界を離れて、ことばがことばだけで一つの世界をなすことをいう。ことばで語られた物語世界を聞き、また読むときに、この比喩《ひゆ》がぴたりとはまる。

しかし、もとよりことばは最初から宇宙をなしていたのではあるまい。アケイ統発生的にも個体発生的にも、ことばが最初に降り立つのは、人々がその生身の身体で生きている世界である。身体で生きる膨大な広がりのなかでみたとき、その最初のことばはまだ大海にたらしたほんの一滴の水のようなもの。そこからことばがことばだけで世界を立ち上げるようになるには、ずいぶん長い過程をへなければならなかったはずである。いや、すでにことばの宇宙をそれなりに成り立たせている私たちにおいても、日常的に体験することばの多くは、周囲世界にはめこまれたかたちではじめて意味を得ているのであって、それだけで立つことは少ない。

「あっ、雪！」、幼い息子が叫び声を上げる。その声につられて空を見上げると、綿帽子のような雪片がふわふわと高い空から舞い落ちてきて、その雪の一ひらが頬《ほお》にあたる。こういう場面を私がじかに体験したとする。息子は、もちろん雪の落ちるその世界を目の前にしてことばを発したのであり、また聞いた私も、自分の身体に感じたこの世界のなかにこれを受けとめたのである。そこでことばが身体の世界に寄り添い、そこに重なる。ことばが発せられたことで、身体だけで生きられたのとは違うもう一つの世界への窓が、ここにわずかであれ開かれたと言ってもよい。しかしもちろん、それだけで宇宙をなすところまでは遠い。

では、こんな場面はどうだろうか。閉めきった障子の内で火鉢にあたりながら餅《もち》を焼いている私の耳に、外から子どものはずんだ声が飛び込んでくる。

　あっ、雪！

　ここで私は、自分の身体でその雪を直接に感覚してはいない。にもかかわらず、子どもの一声に、私のなかで雪の舞い落ちる世界が立ち上がる。自分が身体でじかに体験しているのは部屋のなかの光景、そのうえに不意に飛び込んできたことばが、別のもう一つの世界を立ち上げるのである。もちろんそうは言っても、障子一枚をはさんで、私の身体は、子どもの生きる世界にほとんどリン場しているのであって、これをまだことばの宇宙とまでは言えまい。

　しかし、次のような場面を書物で読んだとすればどうだろうか。

　庭でコマ回しに興じていた子どもが、不意に「あっ、雪！」と叫んで空を見上げた。大きなぼたん雪が、ナマリ色の空からゆらりゆらりと舞い落ちてくる。

　ここでも私たちは、しっかりその雪の落ちてくる情景を思い浮かべる。たとえこれを読んでいるのが真夏で、ステテコ一枚で、団扇《うちわ》をバタバタやっていたとしても、その雪の場面を理解するのに不都合はない。ここまできたとき、ことばは現実の場面を離れて、それだけで一つの世界を立ち上げる、そういう力をもつと言える。そこにことばの世界と身体の生きる世界の二重化をはっきり見ることができる。

これは私たちがしじゅう何気なく経験していることであるので、ことあらためて言うほどのことではないと思われるかもしれない。しかしこのごく日常的な二重化の構図こそ、まずは私がここで確認しておきたいことなのである。念押しに、C手近で見つけた小さな詩歌からさらに二つ例を引く。

雪がコンコン降る。
人間は
その下で暮らしているのです。

戦後、日本がまだ非常に貧しかったころ、山形県の寒村に暮らした子どもたちの生活（注2）綴《つづ》り方の一作品である。しかし、そのことを知らなくとも、これを読む私たちのまえには、一つの光景がある気分をもって広がる。いまこれを読んでいる私の目のまえでは、もちろん雪など降っていないし、家々を厚く真っ白におおった雪景色も見えない。しかしこの三行の文を読んだだけで、そうした世界が眼下に広がる思いがする。たったこれだけの文章が一つの宇宙を語っているとも言える。

あるいはこんな歌がある。

四十代　この先生きて何がある風に群れ咲くコスモスの花

この少々虚無的で、悲しい歌は、道浦《みらうら》母都子《もとこ》の作品。彼女はたまたま、私と同じ一九四七年の生まれである。

学生時代をほぼ同じ時代状況のなかに生きて、その是非はともあれ「全共闘歌人」と呼ばれてきた。しかしこの作者の生きてきた過程のあれこれを知らずとも、この歌は歌で一つの世界を立ち上げている。

　ここでも私たちは、いまコスモスの花群れを見ているわけではないし、それをそよがす風を頬に感じているわけでもない。にもかかわらず不思議なことに、この文字のならびのなかに一つの情景が浮かんでしまうのである。

　身体がその生身で直接に生きる世界とは別に、ことばがそれだけで独自に開く世界がある。そのことを人は「ことばの宇宙」と呼んできた。もとよりそれは一つの比喩である。ことばがまったく身体の世界からの支えなしに、それだけで成り立つなどということは、本来ありえない。

　身体が生きる世界を離れ、それとの関係の一切を断ってしまったところでは、個々のことば自体が意味をなさない。だいいち、語り出す声は身体から発する息の音であり、書きつけた文字は身体の仕草《しぐさ》の痕跡《こんせき》である。この身体を出入りする息、身体の[エ]ツムぎ出す仕草ぬきに、ことばはありえない。これはあまりに当たり前のことである。

　しかしそれだけではない。ことばで語り出す世界の中身そのものが、この生身で生きる世界を離れては、根を失う。雪を肌に受けて震える身体、その下で冷たい冬を過ごす身体をぬきには、[yuki]はただの音声にすぎないし、「雪」の文字は意味不明の模様にすぎない。あるいは風の音を聞き、それが頬に触れる感触をもつ身体を離れては、[kaze]はただの無意味な音声以外のものではなく、「かぜ」はただの無意味な綴りでしかない。[D]ことばはすべて、どこかで身体の世界に根ざしている。これもまた自明の理である。

　にもかかわらず、「ことばの宇宙」という言い方は単なる比喩を越えた側面をもつ。なにしろ身体の世界は、その身体のいる〈ここのいま〉にシバられ、その身体の位置を基点とする遠近法をまぬがれることができない。

　ところがことばが立ち上げる世界のなかでは、知らないうちに〈ここのいま〉の自分の身体の位置を抜け出し、視点を移動させて、そのことばの世界のなかに身を移してしまっている。たとえば小説を読みふけるとき、読んでいる自分がその世界のなかに移り住んでいるかのように錯覚する。そうした錯覚のうえで人はことばの宇宙を楽しみ、またそこに巻き込まれて苦悩する。

　このことは別に文章のうまい下手にかかわらない。いかにたどたどしくともことばはことばである。ことばは身体に根ざし、それでいて身体を越えるもの。そうした両義を本性とする。

（浜田寿美男『「私」とは何か』による）

（注）1　独我論――哲学用語。自分の自我だけを絶対視するような考え方のこと。

2　生活綴り方――子どもたちに、自分の生活をありのままに表現させた文章。

問1　傍線部ア～オの漢字と同じ漢字を含むものを、次の各群の①～⑤のうちから、それぞれ一つずつ選べ。

ア　ケイ統

①　ケイチョウに値する意見
②　ケイリュウで釣りを楽しむ
③　事のケイイを説明する
④　友人にケイハツされる
⑤　近代日本文学のケイフ

イ　リン場

①　ジンリンにもとる

②　高層ビルがリンリツする

③　タイリンの花を咲かせる

④　リンキ応変に対応する

⑤　キンリンの国々

ウ　ナマリ色

①　雨天によるジュンエン

②　のどにエンショウが起きる

③　エンコを頼る

④　アエンの含有量

⑤　コウエンな理想

エ　ツムぎ

①　針小ボウダイに言う

②　仕事にボウサツされる

③　流行性のカンボウ

④　理科のカイボウ実験

⑤　綿とウールのコンボウ

オ　シバられ

①　景気回復のキバク剤
②　真相をバクロする
③　首謀者をホバクする
④　バクゼンとした印象
⑤　バクガ飲料を飲む

問２　傍線部Ａ「このことば観」とあるが、それはどのような「ことば観」か。その説明として最も適当なものを、次の①〜⑤のうちから一つ選べ。

①　ことばは他者との対話から生まれ、〈語―文法〉的に運用されているということば観。
②　ことばは道具として獲得され、他者との関係の場で機能しているということば観。
③　ことばを生活世界とのかかわりで運用し、対話性への視点を欠落させていることば観。
④　ことばを〈語―文法〉的にとらえ、他者との対話性を模索しようとすることば観。
⑤　ことばを他者との関係の場から切り離し、本質的な対話性を喪失させていることば観。

問３　傍線部Ｂ「ことばの世界と身体の生きる世界の二重化」とあるが、それはどういうことか。その説明として最も適当なものを、次の①〜⑤のうちから一つ選べ。

①　他者の身体が体験している現実の情景が、他者の発した生き生きとしたことばを通じて、自己の身体によって無意識のうちに受け止められるようになること。

② ことばがことばだけで独立した世界を生成し、私たちの身体が実際に生きている現在とはまた別に、私たちがその世界をありありと感じ取ることができること。

③ 息子の発する「あっ、雪！」ということばが、それを聞く私の身体に降り立つことで、ことばがことばだけで立ち上げた世界が、身体との対話性を持ち始めること。

④ ことばによって喚《よ》び起こされる想像の世界と、私たちの身体が現実に向かい合っている現在の場面とが、一致して重なり合うように感じられること。

⑤ 息子の発する「あっ、雪！」という声に「雪」を実感することで、その場に居合わせながら気づいていなかった世界が、生き生きと立ち上がってくること。

問4　傍線部C「手近で見つけた小さな詩歌からさらに二つ例を引く」とあるが、例として引かれた詩歌を、筆者の考え方に即して説明したものはどれか。最も適当なものを、次の①〜⑤のうちから一つ選べ。

① 「四十代　この先生きて何がある……」の短歌は、四十代の人間にしか感じられないような虚無感を、同世代の読者に対して雄弁に訴えかける。

② 「雪がコンコン降る。……」の詩は、雪景色を知らない読者にも、雪国に生まれた人間が感じるのと同じような雪の冷たさや白さを追体験させ、雪国の生活とそこに生きる人々に対する共感を抱かせる。

③ 「雪がコンコン降る。……」の詩は、読者が現在どのような環境にあるかにかかわらず、降り積もる雪の下の家々で、一人一人の人間が生きているのだ、ということを読者の眼前にありありと描き出す。

④ 「四十代　この先生きて何がある……」の短歌は、読者が作者の年齢や人生に対する思いを共有したときに、初めて、秋の風に吹かれるコスモスの群れの寂寥《せきりょう》を感じさせる。

⑤ 「雪がコンコン降る。……」の詩は、果てしなく降り続く雪のもとでの人々の生活を想像させるとともに、読者が

かつて目にした雪国の情景をそのままよみがえらせ、重層的な世界をつくり出す。

問5　傍線部D「ことばはすべて、どこかで身体の世界に根ざしている」とあるが、それはどういうことか。その説明として最も適当なものを、次の①～⑤のうちから一つ選べ。

① 「ことばの宇宙」は、身体から独立して成り立った独自の世界であるが、個々のことばが現実の身体をとおして初めて意味を持つ以上、身体から切り離されて存在することはできない。

② ことばが身体を出入りする息、身体の生み出す仕草によって表現されるものである以上、それらをぬきにして生み出された「ことばの宇宙」は、ただの音声と記号からなる抽象的なものにすぎない。

③ ことばが身体の世界を離れることで立ち上げられた「ことばの宇宙」は、われわれを生き生きとした空想の世界に巻き込むが、そのような世界は錯覚であり、実体を持つことができない。

④ 「ことばの宇宙」は、現実とは別に独自に形成された世界であるが、ことばそのものは、あくまで直接的な身体の世界にはめこまれる形でしか意味を持ちえず、機能することもない。

⑤ 「雪」ということばが、雪の冷たさを体験したことのない人間には実感できないように、「ことばの宇宙」も、生身の身体に支えられたものであり、直接に体験することがなければ成立しない。

問6　本文の内容と合致するものを、次の①～⑥のうちから二つ選べ。ただし、解答の順序は問わない。

① 「ことばの宇宙」は、視覚や聴覚や触覚によって確かめることができる生活世界と対話的にかかわりあいながら成立しており、〈ここのいま〉において独自の世界を立ち上げてゆく。

② 小説を読むということの一面は、作中人物と同化し、その苦悩や喜びを生きることであるが、私たちの想像力には限界があるので、読者としての経験は錯覚のうえに成り立つものでしかない。

③ 読書という行為において、私たちが現実の日常を忘れ、本の中の主人公になったかのような錯覚を覚えるのは、ことばの世界と身体の生きる世界とが、対話的にかかわりあっているからである。

④ 私たちは限られた場所にいながら、ことばによってその場所から解き放たれ、日常生活における出会いと同じように、「ことばの宇宙」で多くの人と出会い、苦しみや喜びを経験することができる。

⑤ ことばを人間の生活に即してとらえない〈語―文法〉的ことば観の限界を克服するためには、物語世界を立ち上げる「ことばの宇宙」の比喩的な働きを活用しなければならない。

⑥ ことばの両義性とは、身体の世界が身体を基点とする遠近法をまぬがれないのに対して、ことばが身体に根ざしながら、それを越えてことばの世界へ移行し、独自の世界を立ち上げることを意味している。

評論　第1問〈解説・チェック〉

※問1の漢字問題のカタカナは、〈解説・チェック〉中では、漢字表記にしています。

チェック〈その1〉　問2

◎まずは、キーワード・ポイントをおさえましょう。キーワードの基本は、主語（主部）・指示語・頻出語です。

主部（二文節以上の主語の形・「〜が」、「〜は」）

「ことばが語と文法からなる」というのは、
ことばをある切り口で切ったときの一つの事実ではある。

◎最初の内容吟味の設問である問2を確認してみます。

問2　傍線部A「このことば観」とあるが、それはどのような「ことば観」か。

○問2の「ことば観」は、1行目の「ことばが語と文法からなる」という書き方で始まり、「そうして切り取ったことば」（2行目）、「〈語―文法〉的なことば観」（3〜4行目）、「このことば観」（2段落2〜3行目）、「そこ」（2段落5行目）と続きます。そして、傍線部A「このことば観」となります。つまり書き出しから傍線部Aまでずっと「ことば観」がキー・ポイントとして書かれ、その説明がされているわけです。↓そうして、設問（問2）となっています。

◎必ずキー・ポイントが設問になります。

○「ことばが語と文法からなる」と＝助詞の「と」は、指示内容や引用、動機・理由、動作の相手、等々、多くの意味を表せますが、下に結果を導く形（「山に登ると、海が見えた」）や、並列の形（「赤と白」）以外の「と」で、上を「　」でくくれるものは、自分でくくりましょう。ポイント強調、具体例強調など、意味のまとまりをはっきりと浮かび上がらせることができます。

○**「ことばが語と文法からなる」というのは**、この文節は主部であり、「　」でくくるチェックもできます。書き出しのキー・ポイントといえます。↓「ことばが語と文法からなる」というポイント内容は最初の設問（問2）になる、と見るのです。必ずキー・ポイントが問題になります。

しかし、

「ことばが語と文法からなる」という切り口で（切り取ったことば）

そうして切り取ったことばには、

欠点

一つ、決定的に欠ける点がある。

それは、

（傍線部A「このことば観」）

＝

二義的　考え　＝　見解・見方・観

「ことばのもつ対話性を二次的にしか考えられない」という点である。

－のイメージ

欠点

○「そうして切り取ったことば」＝「指示語＋キーワード」（今現在、何について書いているのか、今現在の「キーワード」を教えてくれる形です）。指示語の指し示す内容はキー（ポイント）となります。「そうして」という指示語の指し示す内容は、「ことばが語と文法からなるという切り口（で）」です。「しかし」という逆接がありますから、この接続詞の前後で「ことばが語と文法からなる」というキーが、＋－のイメージを逆転させながらバランスをとって書かれているわけです。→指示語で指し示しているということは、繰り返し書かれているということで、頻出語ともいえます。

主語＝指示語＝頻出語（省略語）という形は（まず主語でキーが登場し、それを今度は指示語で指し示し、何回も繰り返し出てくるという具合）最も基本的なキーの書き方です。

◎キーは頻出するために、よく省略もされます。よって、省略はキー（ワード）になります。省略されている語は自分で補って読んでいきましょう。

ことばはそもそも「他者」とのかかわりの場で働くもの。

ところが、

〈語―文法〉的なことば観は、しばしば独我論(注1)的で、

そこに

「他者」とのかかわり（の場）が見えてこない。

◎逆接の前後は、ポイント内容の＋－イメージが逆転し、かつバランスがとられます。そのため逆接の前後で主語（主部、キーワード）が同じ場合、逆接の後の主語（主部、キー）は省略されたり、指示語で逆接の前の主語（主部、キー）を指し示したりします。→逆接の前後で主語（主部、キー）が違う場合には、逆接の後の主語（主部、キー）に、特に注意しましょう。

○「ところが」の前の主語（キー）は、「ことば」です。これは、「**他者とのかかわりの場**で働くもの」と記されます。これに対し、「ところが」の後の主部（キー）は「〈語―文法〉的なことば観」で（これは書き出しからのキーである「ことばが語と文法からなる（ということば観）」です）、「**他者とのかかわり（の場）**が見えてこない」と書かれています。→「他者とのかかわり（の場）」が頻出している、と見ることができます。→キー・ポイントは必ず設問となり、答となります。→問2で問われるはず、問2の答になるはず、と予測するのです。→問2の選択肢の正答で必要な語となるはず、と見るのです。

問2　傍線部A「このことば観」とあるが、それはどのような「ことば観」か。

① ことばは「他者」との対話から生まれ、〈語―文法〉的に運用されているということば観。
② ことばは「道具」として獲得され、「他者」との関係の場で機能しているということば観。
③ ことばを「生活世界」とのかかわりで運用し、対話性への視点を欠落させていることば観。
④ ことばを〈語―文法〉的にとらえ、「他者」との対話性を模索しようとすることば観。
⑤ ことばを「他者」との関係の場から切り離し、本質的な対話性を喪失させていることば観。

○本文の「他者とのかかわりの場」が、選択肢では「他者との関係の場」となっています。（かかわり→関わり→関係）。選択肢は、本文のポイント内容を要約します。本文のひらがな書きを、漢字【熟語】にも書きかえます。語学の問題は究極的にはすべて書きかえです。

◎漢字は表意文字（意味を持った文字）ですから、要チェックです。本文でひらがな書きがされていたら、できるだけ自分で漢字に直し、意味をとらえてください。

◎ひらがな書きは、漢字表記よりも、時間をかけて読ませることができます。これにより、読み手に注意をひかせ、強調効果も生まれます。（ひらがな表記の強調表現は、評論でも小説でもありますが、特に詩歌で多く使われます）。

○「**『他者』と<u>の</u>かかわりの場**」→本文では、「と」のチェックにより「他者」という語が強調の形で浮かび上がりましたが、この「他者」という語は、「かかわり**の**場」という語と、連体修飾格の格助詞の「**の**」でつながって、「**『他者』と<u>の</u>かかわり<u>の</u>場**」という一つの語になっていると見ましょう。（連体修飾格の格助詞でつながった文節は、一つのまとまった語をつくります。【「かかわり」も同じく、連体修飾格の格助詞の「の」で「場」とつながっています】。→一つの語となっているものは、基本的に【区】切ってはいけません）。また、「他者」、「かかわり」、「関係」、「場」、これらの語は、根本的に同じ意味を持っていると見ることができます。だから、「**『他者』とのかかわりの場**」というように、ひとまとまりの語として成り立つのです。根本が同じでない語は、ひとくくりの言葉（一つの語）にはなれません。

◎言葉と言葉は、関係性から成り立っています。それは、その言葉を使う人間が関係性の中で物事を考え、そして生きているからです。

○注釈の扱い→「独我論」に注釈があります。注釈やリード文は問題を解く上で必要な知識であるから記されている、と見ましょう。そこには、答を導くヒントがある、と。

○「独我論」は、「自分の自我だけを絶対視する」のですから、そこに「他者」との関係などでてきませんし、当然「対話」も生まれません。選択肢を選ぶ上でも、重要なヒントとなっています。

もちろん、ことばを「道具」として獲得したのちには、

○以下、「ことば」と「道具」が表裏一体として書かれますから注意しましょう。

「道具」として獲得したことばを（使って）

その道具を使って

◎キーは省略されます。
頻出するから省略されるのです。
省略は自分で補いましょう。

「他者」と対話することにはなる。

しかし

→〈語—文法〉的なことば観

対話はことばを「道具」として獲得した（その）結果でしかなくて

そこにおいて、対話はことばの獲得の結果であって、それ以上のものではない。

言い換えれば、

〈語—文法〉的なことば観

このことば観のなかでは、ことばが（道具として）獲得されたのち、

それによって、

はじめて

「他者」との対話が可能になるのであって、
（このことば観には）**「『他者』との対話**（もちろんことば以前の）から
ことばが生まれてくる**」**という発想がない。

○**「他者」**という語が、**「対話」**という語とひとくくりの語として書かれます。→**「他者との対話」**。
1段落でキー・ポイントだった「他者とのかかわり（の場）」と同じ形（書き方）で**「他者との対話」**と書かれるわけですから、「かかわり」→「関係」が問2の正答に必要な語と予測できたように、「対話」という語も、問2の正答に必要な語となるはず、と予測できます。→バランスです。二つのキー・ポイントがあった場合、片方だけが答として使われるということはありません。（いくつもの例が挙げられていて、そのうちのいくつかの例だけを記すということはあります。しかしそれはポイントに対して具体例の位置にあるものの場合です）。

① ことばは「他者」との**対話**から生まれ、〈語―文法〉的に運用されているということば観。
② ことばは「道具」として獲得され、「他者」との関係の場で機能しているということば観。
③ ことばを「生活世界」とのかかわりで運用し、**対話**性への視点を欠落させていることば観。
④ ことばを〈語―文法〉的にとらえ、「他者」との**対話**性を模索しようとすることば観。
⑤ ことばを「他者」との関係の場から切り離し、本質的な**対話**性を喪失させていることば観。
○「対話」という語も、「他者」、「かかわり」、「関係」、「場」と、根本でつながっている語である、と気づきましょう。

◎「～性」・「～的」・「～然」・「～化」がつくる熟語は「～」部分の意味を変えることなく、「～」部分の状態や性質を示す形をつくり、語調を整えたり、語勢を助けたりします（助辞【助字】的役割）。↓「対話性」＝「対話」（の持つ性質・性格）。

つまり

第一義的（最も大事な）、本質的な対話性

○並列の読点「、」 ＝ 「第一次的」と「本質的」は、
同じ意味内容の語として、
同じ位置に並んで書かれています

ことばそのもののもつ**第一次的、本質的な対話性**に目を向ける視点が、

◎「読点」の意味も意識しましょう。「逆接」、「順接」、「並列」、「修飾」など、「読点」を見る目は、古文・漢文にも大いに役立ちます。

このことば観（には

そこにはすっぽり抜け落ちているのである。

第一次的、本質的な対話性に目を向ける視点が抜け落ちている（ことば観）

A
このことば観によっては、

ことばが私たちの生活世界において働くその様をありのままに見ることはできない。

○指示語＋キーワードである「このことば観」の、「この」の指し示す内容は、「**第一次的、本質的な対話性**に目を向ける視点が抜け落ちている（ことば観）」です。これは、問2の選択肢に必要な意味内容です。

① ことばは他者との対話から生まれ、〈語―文法〉的に運用されているということば観。

② ことばは道具として獲得され、他者との関係の場で機能しているということば観。

③ ことばを生活世界とのかかわりで運用し、対話性への視点を欠落させていることば観。

④ ことばを〈語―文法〉的にとらえ、他者との対話性を模索しようとすることば観。

⑤ ことばを他者との関係の場から切り離し、**本質的な対話性**を喪失させていることば観。

○「第一次的」と「本質的」は「対話性」を修飾している語です。つまり、「対話性」をポイントの位置の語、「第一次的」、「本質的」を具体例の位置の語と見ることができます。これにより、選択肢⑤では、「本質的」の語のみを記し、「第一次的」の語は省略しています。字数に制限がなければ、修飾語（具体例の位置の語）をいくらでも使って詳しく書くことも可能なわけですが、他の選択肢との字数のバランスや問題の難易度から、すべての修飾語（具体例の位置の語）は記されません。

◎正答に必要なのは、あくまでもポイントの位置にある語です。おさえるべきはポイントの語が記されている選択肢です。

「第一次的、本質的な対話性に**目を向ける視点が抜け落ちている**（ことば観）」

原因 ―― 結果

A このことば観によっては、ことばが私たちの生活世界において働くその様をありのままに**見ることはできない**。

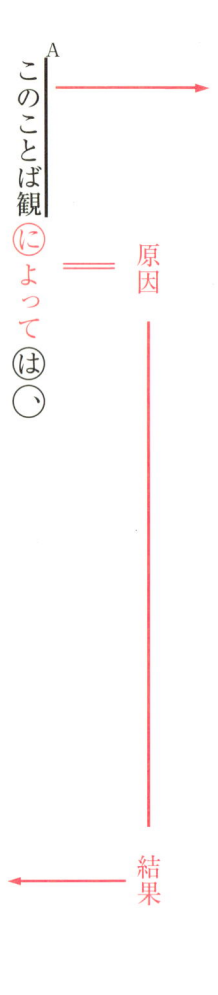

○「A このことば観」の、「この」の指し示す内容は、「第一次的、本質的な対話性に**目を向ける視点が抜け落ちている**（ことば観）」です。これを「原因」とすると、「ことばが私たちの生活世界において働くその様をありのままに**見ることはできない**」という「結果」になります。（原因と結果は一対一の関係であり、表裏一体です。原因と結果に使われている語に着目してください。↓「第一次的、本質的な対話性」と「ことばが私たちの生活世界において働くその様」がつりあっているのがわかります・「**目を向ける視点が抜け落ちている**」と「**見ることはできない**」がつりあっているのもわかります）。「**見ることはできない**」という不可能の形で記されたこの結果は「－のイメージ」（良くない意味）結果です。

◎多くの場合、可能は＋のイメージに、不可能は－のイメージになります。

○「ことば観」は書き出し第二文「～決定的に欠ける点がある」からずっと－のイメージで書かれていました。「二次的にしか考えられないという点である」（2～3行目。※ここの「二次的」、「しか」、「不可能」は－のイメージ）。「独我論的で、そこに他者とのかかわりが見えてこない」（4行目）。2段落においても、「それ以上のものではない」（2段落2行目）、「ことばが生まれてくるという発想がない」（2段落4行目）、「すっぽり抜け落ちているのである」（2段落5行目）。3段落でも同様です。「まったく見えないように、私には思える」（3段落3行目）。傍線部A「このことば観」（「〈語―文法〉的なことば観」）は－のイメージの内容です。

○問2の選択肢は、その意味内容が－のイメージのものを選ばなければいけないということです。選択肢の最終部、述部の意味を確認してみましょう。

◎日本語は文末決定性です。一文においても、一段落においても、一つの文章においても最終部で意味が決まります。

↓日本語は上から下へ、右から左で意味が完結します。

① ことば(は)「他者」(と)(の)対話から生まれ(、)〈語―文法〉的(に)運用されているということば観。

② ことば(は)「道具」(と)し(て)獲得され(、)「他者」(と)(の)関係(の)場(で)機能しているということば観。

④ ことば(を)〈語―文法〉的(に)とらえ(、)「他者」(と)(の)対話性(を)模索しようとすることば観。

○選択肢①の「運用されている」、選択肢②の「機能している」、選択肢④の「模索しようとする」（助動詞「よう」＝意志）は、＋のイメージの意味内容になります。問2は－イメージ内容の選択肢を選ばなければいけないのですから、不適ということになります。また、①と④には、「〈語―文法〉的」という言葉があります。これは、そもそも－イメージの意味内容ですから、①と④には文意の捩れもあります。

③ ことば(を)「生活世界」(と)(の)かかわり(で)運用し(、)対話性(へ)(の)視点(を)欠落させていることば観。

⑤ ことば(を)「他者」(と)(の)関係(の)場から切り離し(、)本質的な対話性(を)喪失させていることば観。

○－のイメージの文末表現をしているのは、選択肢③「欠落させている」と、選択肢⑤の「喪失させている」です。しかし選択肢③は、順接の読点「、」の上が「運用し」で、＋のイメージ内容になっています。③も不適な選択肢となります。

※評論の内容が読み取れないという最大の原因は、語彙力の不足です。辞書をとことん引きましょう。語や意味を暗記しようとするのではありません。文章の中でその語と出会ったら、その語を辞書で何度も何度も調べ、繰り返し読み、自分の言葉（自分で使える言葉）とするのです。

○「運用」とは、「うまく機能を働かせること」であり、「活用」です。辞書で、「運用」を調べて、そこに「活用」という言葉を使って説明がされていたら、次にその「活用」という語を引くのです。そして、そこの説明に「活かす」という語を使って説明がされていたら、今度はその「活かす」を引くのです。このような際限のないリレー式の辞書引きこそが、本当の辞書活用です。

○また「運用」、「活用」とその意味をただ覚えようとするのではなく、「運」も、「活」も、＋のイメージを持った語であると理解し、「運がある」とか、「活気がある」とか、語のイメージを膨らませていくのです。（繰り返します、）読解問題は究極的にはすべて書きかえの問題です。リレー式の辞書引きをするということは、問題と答の作成を自分でするということになるのです。一人でできる何よりの読解力強化となります。

○本文の、「見えてこない」や、「視点がそこにはすっぽり抜け落ちている」、「見ることはできない」、「見てとることはできない」、「まったく見えない」などの語句から、選択肢③の「視点を欠落させている」にひっかかってしまった人が、あるいは、いるかもしれません。

A「このことば観」は、「第一次的、本質的な対話性に目を向ける視点が抜け落ちていることば観」であり、確かに、ここにも、「目を向ける視点が抜け落ちている」とあります。しかしながら、「見」や「視」と結びつく文字は、問2のすべての選択肢に記されています。それは、「ことば観」の「観」です。本文の「見」や「視」が、そもそもどこからきているのかといえば、書き出しからの「ことば」の見方です。文字の上では、「〈語―文法〉的なことば観」として現れました。キーの文字ですから、「見」や「視」が頻出するのは当然です。（「ことば」という語も頻出しています）。「観」は、見方、考え方です。（よく見ることは、観察することであり、くわしく調べ知る【診察・警察】ことで、確固たる見解・意見を持つことです）。「ことば観」は、「ことば」の一つの見方・見解です。

「身体とことばを共通の糸でむすぶのは、おそらくこの対話性である。」

○傍線部Aの直後の文、3段落の書き出しのこの文には、「指示語＋キーワード」の形で、「この対話性」とあります。これまで「この対話性」をキー・ポイントとして書いてきた、と示しているわけです。

○傍線部Aの「ことば観」は、2段落に「このことば観」という「指示語＋キー」の形で二度出てきますが、「対話」という言葉は何度も使われながら、「指示語＋キー」の形で書かれるのはここで初めてです。（「指示語＋キー」の形になったことにより、それまで「対話」と記されていた語が「対話性」という形になりました【「性」・「的」・「然」・「化」＝助辞としての役割】）。「この対話性」と、ここで「指示語＋キー」の形で記されたということは、書き出しからポイントとして書かれていた「ことば観」（ポイントだから問2の問題となりました）を説明するのに、最重要なキーとして「対話（の性【質・格】）」があったということです。ここからも、直前の文の傍線部A（問2）を解く上で（説明する上で）、「対話性」という語が必要であるとわかります。傍線部Aの「ことば観」は、「**第一次的、本質的な対話性**に目を向ける視点が抜け落ちている」のでした

① ことばは「他者」との**対話**から生まれ、〈語―文法〉的に運用されているということば観。

② ことばは「道具」として獲得され、「他者」との関係の場で機能しているということば観。

③ことばを「生活世界」とのかかわりで運用し、**対話性**への視点を欠落させていることば観。

④ことばを〈語―文法〉的にとらえ、「他者」との**対話性**を模索しようとすることば観。

⑤ことばを「他者」との関係の場から切り離し、**本質的な対話性**を喪失させていることば観。

◎選択肢は、正答を記すのに必要な語があるかどうかで選びましょう。読解は、目の前の文字を真っ直ぐに受けとめる作業です。似たような書き方では駄目なのです。「似ている」と「同じ」は違います。

◎不適な内容を消去する解答法（消去法）では、正答に必要なキーワードが選択肢に記されているかどうかのチェックができません。（消去法のみで解答してしまうと、不正解の選択肢を選んでしまうことが非常に多いのです）。あくまでも、正答に必要なキーのチェックをしてください。この意識が読解力を高めます。

⑤　ことばを**「他者」との関係の場**から切り離し、本質的な対話性を喪失させていることば観。

○ここの選択肢で使われている読点「、」は、順接の読点ですから、「ことばを他者との関係の場から切り離」すことと、「本質的な対話性を喪失させ」ることは、因果関係であり、表裏一体の関係ということです。つまり、「**他者との関係の場**」と「**本質的な対話性**」は根本を同じにする意味としてある、ということです。また、「切り離」すという語と、「喪失」するという語が、つりあう位置にあるということにも注目してください。これらの語がすべて集まって、選択肢⑤は一つの意味をつくっています。

◎不正解の選択肢の一文において、この部分は正しいが、この部分は正しくないなどというのは、そもそも妙な言い方なのです。一文はすべてで一つの意味をつくっています。一部は全部を表し、全部は一部を表してもいるのです。一語を大切に見、全体を把握してください。形式と内容どちらかだけの把握はありません。形式と内容は表裏一体です。

チェック〈そのII〉 問2

○傍線部Aまで何について（何をポイントとして）書かれてきたかというと、「ことば観」です。傍線部Aとして、問題になっていることから（も）それがわかります。（キー・ポイントが必ず問題となるのです）。

◎──線部（──線部周辺）にはポイントがあって、それを問題作成者が教えてくれている、と見るようにしましょう。

◎──線は、ポイントに引かれることもあれば、ポイントに対しての具体例に引かれることもあります。（──線の位置により、問題の難易度が変わります）。

◎ポイントを裏返せば、具体例です。問題を裏返せば、答です。ポイントと具体例、問題と答は、表裏一体の関係です。具体例や問題の文字をよく見れば、答が透けて見えるというのは、大仰な言い方ではありません。正解の選択肢をつくるには、本文のキー（ポイント）である語が絶対に必要になるからです。

〈問2・解答〉 ⑤

チェック〈そのI〉 問3

「身体とことばを共通の糸でむすぶのは、おそらくこの対話性である。」とすれば、

ことば自体のもつ対話性の切り口を離れて、

順接 ↓

結果 ←

身体とことばのかかわりを見てとることはできない。

他者とのかかわりが見えてこない（4行目）
＝
「ことば自体のもつ対話性の切り口」から「離れ」た「ことば観」

現に〈語—文法〉的ことば観においては、

（問3）　　　　○絶対強調

ことばが**身体性**に接続する土俵がまったく見えないように、

○「私」・「思」＝（筆者登場の形）

私には思える。

◎「絶対強調」、「筆者登場の形」は、ポイントとなり設問（答）となる表記です。

○「**対話性**」は、「ことば観」（問2）を説明する上で最重要なキー（「この**対話性**」【指示語＋キーの形で記されていました】）としてありました。問2で使われたその「**対話性**」という語と、「**身体**」という語が同じ位置（同等の位置）に記されています。

○次の問3の正答の選択肢には、「**身体**」という語が必要であるとこの時点でわかります。ポイントが必ず問題となり、答となるのです。

◎本文から独立している設問などありません。一つの文章から設問はつくられます。それぞれの設問は、一つの文章の一部です。それらは当然のことながらみなつながっているのです。

問3　**傍線部B「ことばの世界と身体の生きる世界の二重化」とあるが、それはどういうことか。**

① 他者の身体が体験している現実の情景が、他者の発した生き生きとしたことばを通じて、自己の身体によって無意識のうちに受け止められるようになること。

② ことばがことばだけで独立した世界を生成し、私たちの身体が実際に生きている現在とはまた別に、私たちがその世界をありありと感じ取ることができること。

③ 息子の発する「あっ、雪！」ということばが、それを聞く私の身体に降り立つことで、ことばがことばだけで立ち上げた世界が、身体との対話性を持ち始めること。

④ ことばによって喚び起こされる想像の世界と、私たちの身体が現実に向かい合っている現在の場面とが、一致して重なり合うように感じられること。

⑤ 息子の発する「あっ、雪！」という声に「雪」を実感することで、その場に居合わせながら気づいていなかった世界が、生き生きと立ち上がってくること。

○問3の選択肢を確認してみると、「**身体**」という語が、①・②・③・④の選択肢で使われています。

チェック〈そのⅡ〉 **問3**

◎同じ位置にある語は、その根本の意味を同じにします。

A ・このことば観によっては、ことばが私たちの生活世界において働くその様をありのままに見ることはできない。（2段落5〜6行目）

・身体とことばを共通の糸でむすぶのは、おそらくこの対話性である。とすれば、ことば自体のもつ対話性の切り口を離れて、身体とことばのかかわりを見てとることはできない。（3段落1〜2行目）

・現に〈語―文法〉的ことば観においては、ことばが身体性に接続する土俵がまったく見えないように、私には思える。（3段落2〜3行目）

○それぞれ、「見」るという語を、不可能（打ち消し）の形にしていますが、その対象の語に注意してください。

ことばが私たちの生活世界において働くその様　を　見ることはできない

＝

身体とことばのかかわり　を　見てとることはできない

＝

ことばが身体性に接続する土俵　が　見えない

○「私たちの生活世界」＝「身体（性）」ということです。「身体（性）」も「私たちの身体（性）」と見ることができます。（「身体性」は、「身体」という語を根本にした語です。【「性」・「的」・「然」・「化」】）。

◎キーワードを展開してみましょう（リレー式の辞書引きの要領です）。

私たちの生活世界

↓

私たちの「生きる」・「活きる」・「世界」

＝　身体（性）

↓

＝　私たちの身体（が）「生きる」「世界」（問3選択肢②）

① 他者の身体が体験している現実の情景が、他者の発した生き生きとしたことばを通じて、自己の身体によって無意識のうちに受け止められるようになること。

② ことばがことばだけで独立した世界を生成し、私たちの身体が実際に生きている現在と（＝現世・世界）はまた別に、私たちがその世界をありありと感じ取ることができること。

③ 息子の発する「あっ、雪！」ということばが、それを聞く私の身体に降り立つことで、ことばがことばだけで立ち上げた世界が、身体との対話性を持ち始めること。

④ことばによって喚び起こされる想像の世界と、私たちの身体が現実に向かい合っている現在の場面とが、一致して重なり合うように感じられること。

⑤息子の発する「あっ、雪！」という声に「雪」を実感することで、その場に居合わせながら気づいていなかった世界が、生き生きと立ち上がってくること。

◎本文のキーワードを、選択肢の上で、同義の語に書きかえているのなら、ＯＫです。

○しかしながら「他者の身体」・「自己の身体」・「私の身体」・「身体との対話性」は、「私たちの身体」とは、違う意味になります。似たような書き方だから許容範囲だろうなどと見てはいけません。（繰り返します、）「似ている」のと「同じ」はまったく違います。一字一句の重要性を肝に銘じましょう。

◎設問の傍線部箇所まで行かずとも、きちんとした文章の流れがありますから、先読みのチェックができるのです。（日本語は上から下、右から左の流れで意味が完成します。上の意味があって、下の意味が成り立ちます。右の意味があってこそ、左の意味があるのです）。

◎試験問題に、語や文法や構成が出鱈目な文章は絶対に使われません。使用されるのは、それらがすべて整った、一字一句に細心の注意が払われた、内容にぶれのない文章です。一つの答を問う設問は、そのような文章からしか作ることができないのです。本書の文章チェックも、その上に、成り立っています。みなさんは、例外など心配せずに、本書の文章チェックを習得してください。

○「身体」→「身体性」というように、本文中においても、本文から選択肢においても、「性」・「的」・「然」・「化」の助辞的文字はよく付されます。またこの四つの助辞的文字の間での書きかえもよく行われます。（身体性→身体的などのように〉。この助辞的文字を使った熟語は、設問を解く上で、チェックしやすい熟語となります。本文においても、選択肢においても、この「性」・「的」・「然」・「化」の熟語が使われていたら注意しましょう。

では、私たちはどのようなことば観のもとに出発すればよいのか。

ともあれ、

まずはことばが私たちの生活においてはたらいているその現場を、いくつかの例から取り出して見てみることが必要となる。

＝「私たちの生活世界」（次の問3のキーとなるはずの語ですから注意しましょう）。

◎省略に注意しましょう。

○「では、私たちはどのようなことば観のもとに出発すればよいのか」の一文には省略があります。→省略は、その内容が前に記されているため可能になるのです。（頻出）。

◎ポイントを省略することによって強調している、とも見ることができます。

A←「このことば観によっては、ことばが私たちの生活世界において働くその様をありのままに**見ることはできない**。」（2段落5～6行目）とありました。この一文から、「ことば自体のもつ対話性の切り口を離れて、身体とことばのかかわりを**見てとることはできない**。」（3段落1～2行目）、「現に〈語―文法〉的ことば観においては、ことばが身体性に接続する土俵がまったく**見えない**ように、私には思える。」（3段落2～3行目）と続いたのでした。

○省略内容を補います。

←では、私たちはどのようなことば観のもとに出発すれば、ことばが私たちの生活世界において働くその様をありのままに見ることが**できる**のだろうか。

○次に続く一文、「ともあれ、まずはことばが私たちの生活世界において働いているその現場を、いくつかの例から取り出して見てみることが必要となる。」からも省略内容がわかります。

○前述したように、「ことばが私たちの生活世界において働くその様」は、「身体とことばのかかわり」、「ことばが身体性に接続する土俵」と同意です。

◎転換（問題提起）の文には、必ず新しいキーが記されます。

○ここでの新しいキーは、「私たち」が「出発すればよい」「ことば観」です。（この「ことば観」は、傍線部Aの「ことば観」とはもちろん違います）。また、転換の一文は、これまでのキー・ポイント（内容）を教えてくれます。（ここでは、1～3段落の内容が、－のイメージの「ことば観」であったことを教えてくれています。－のイメージの「ことば観」をこれまで記してきたから、「どのようなことば観のもとに出発すればよいのか」と問題提起したのです）。

◎問題点があるからこそ、それを解決しようとします。（現状の非難ばかりして、夢も希望もない内容で終わる文章などありえません。文章は、今現在の問題点を掘り起こし、どうしたらそれを改善できるのか、可能性を追求していくのです。前向きでない文章などありません。なぜなら、それこそが生きていくということだからです。文章は、人、人生そのものなのです）。

○転換の接続詞「さて」で始まる一文で、「私たち」が「出発すべき」「ことば観」が問題提起されましたから、「ことば観」がキー・ポイントとして4段落は始まります。

○しかし、次の文で、「ともあれ」その「ことば観」を考える上で「必要となる」「ことばが私たちの生活において働いているその現場」についてこれから説明していくと、（問題提起文の省略内容をはっきりと示し）断りました。

○よって、これからあげられる「いくつかの例」は「ことばが私たちの生活において働いている」「現場」の例です。つまり「ことばが私たちの生活において働いている」「現場」がこれからのポイントとなります。

○ただし、「私たち」が「出発すべき」「ことば観」が、「ことばが私たちの生活において働いている」「現場」と結びつくものであることには間違いありません。―のイメージの「ことば観」は、「私たちの生活において働くその様をありのままに見ることはできな」かったのでした（2段落末・3段落）。

◎ポイントは立ち位置によって、変わります。→ポイントと具体例は関係性の上に成り立っているからです。ポイントは具体例があって初めてポイントとなり、具体例はポイントがあって初めて具体例となります。

◎俯瞰的に見るマクロの目と、細密に見るミクロの目を持ちましょう。何をポイントとしている設問なのかを、マクロ的、ミクロ的に見るのです。ミクロ的に見れば、ポイントと具体例は文章の流れの中でその都度変わります。しかしマクロ的に見れば、根本のポイントは変わりません。設問において、臨機応変に、段落・文・語をチェックすることが大事です。

「ことばの宇宙」という言い方がある。

それは

身体

（私たちの身体が生きる世界）

私たちの生活世界

私たちが、直接に目で見、耳で聞き、手で触って確認できるものの世界を離れて、

○限定強調（ポイントとなる書き方です。→設問になるということです）。

→問3

→**この予測をしましょう。**

ことばがことばだけで一つの世界をなすことをいう。

○直前で、「ことばが私たちの生活において働いているその現場」がポイントになることを確認しました。このポイントは、「身体とことばのかかわり」、「ことばが身体性に接続する土俵」と同意でした。しかし、ここで出てきた「ことばの宇宙」は、「身体」、「私たちの生活世界」を離れて、「ことばがことばだけで一つの世界をなす」と記されています。ポイントと反対の意味内容です。しかしこれから、この「ことばの宇宙」について説明がされていきます。今度は、「ことばの宇宙」をポイントの位置に置き、その説明がされていくわけです。

○この「ことばの宇宙」を具体例の位置の語とすれば、そのポイントの位置の語は、「ことばが私たちの生活において働いているその現場」です。さらに最も重要なマクロ的ポイントを確認すれば、「私たち」が「出発すればよい」「ことば観」です。マクロ的ポイントの内容をおさえて（忘れずに）、「ことばの宇宙」の説明をこれから読んでいきましょう。

↓最終的には、マクロ的ポイントに必ず戻る、ということです。

○以下、「ことばの宇宙」が成り立つまで、具体例をあげて説明が続きます。しかし、「日常的に体験することばの多くは、周囲世界にはめこまれたかたちではじめて意味を得ているのであって、それだけで立つことは少な」く（6段落）、「ことばが発せられたことで、身体だけで生きられたのとは違うもう一つの世界への窓が、ここにわずかであれ開かれたと言ってもよい。しかしもちろん、それだけで宇宙をなすところまでは遠」く（7段落）、「自分が身体でじかに体験しているのは部屋のなかの光景、そのうえに不意に飛び込んできたことばが、別のもう一つの世界を立ち上げるのである。もちろん、そうは言っても、障子一枚をはさんで、私の身体は、子どもの生きる世界にほとんど臨場しているのであって、これをまだことばの宇宙とまでは言えまい」（9段落）となかなかポイントである「ことばの宇宙」が成立しません。↓だから、設問もつくられていないのです。次の設問がつくられるのは、「ことばの宇宙」が成り立つ箇所です。

庭でコマ回しに興じていた子どもが、不意に「あっ、雪！」と叫んで空を見上げた。大きなぼたん雪が、鉛色の空からゆらりゆらりと舞い落ちてくる。

ここで私たちは、しっかりその雪の落ちてくる情景を思い浮かべる。たとえこれを読んでいるのが真夏で、ステテコ一枚で、「団扇をバタバタやっていた」としても、その雪の場面を理解するのに不都合はない。

時の一点（順接・因果関係）

ここまできたとき、

○4段落で「ことばの宇宙」が初めて記された箇所と同じ内容表現です。

（私たちの身体が生きる世界）
＝
（私たちの生活世界）

「ことばは現実の場面を離れて、

○4段落で問題予測した箇所と同じく限定強調の表現もあります。←

＝

○ポイントとなる書き方ですから、設問（答）となります。↓ 問3

○限定強調

それだけで一つの世界を立ち上げる、そういう力をもつ」と言える。

そこに

○主体を示す「の」（↓「が」に書きかえ可能【身体が生きる世界】）

B ことばの世界と身体の生きる世界の二重化をはっきり見ることができる。

私たちの生活世界

（私たちの身体が生きる世界）

可能

○キーである指示語「そこ」の指し示す内容は、「『ことば』が『現実の場面を離れて、』『ことば』『だけで一つの世界を立ち上げる、そういう力をもつ』ところ」です。限定強調「だけ」がありますから、問3の選択肢にもこの表記（意味）がなければいけません。

○限定強調の語があるのは、選択肢②・③ですが、先におさえたキー・ポイント「私たちの生活（生きる）世界」・「（私たちの）身体（性）」も併せてチェックしましょう。

③ 息子の発する「あっ、雪！」ということばが、それを聞く**私の身体**に降り立つことで、ことばがことばだけで立ち上げた世界が、**身体との対話性**を持ち始めること。

④ ことばによって喚び起こされる想像の世界と、私たちの身体が現実に向かい合っている現在の場面とが、一致して重なり合うように感じられること。

○選択肢③に限定強調の語はありますが、「私たちの生活（生きる）世界」・「（私たちの）身体（性）」というキーがありません。また選択肢④に「（私たちの）身体（性）」というキーはありますが、限定強調の語がありません。

◎正しい説明をするには、それに必要な材料（語）がなければできません。形式と内容は表裏一体です。

◎ミクロ的なチェック（傍線部・傍線部周辺のチェック＝主語・指示語・強調表現【絶対強調、限定強調など】）、そしてマクロ的なチェック（文章の流れ＝ポイントの流れ）を意識しましょう。

○「ことばの宇宙」は、「私たち」が「出発すればよい」「ことば観」→「ことばが私たちの生活において働いているその現場」というポイントの流れがあってのキー・ポイントです。

○限定強調

② ことばがことばだけで独立した世界を生成し、

私たちの身体が実際に生きている現在とは

本文では主体を示す「の」で書かれていました。（この書きかえもよく行われます）。

生活

世界

また別に、　○二重化

「言葉の宇宙」

「ことばがことばだけで」「生成し」た「独立した世界」

＝

私たちがその世界をありありと感じ取ることができること。

可能

◎本文にはキー・ポイントの意味内容の省略があります。しかし、正解の選択肢にキー・ポイントの意味内容の省略はありません。正解の選択肢は、本文で省略されているキー・ポイントの意味内容をきちんと補い、わかりやすく説明します。（そのため、キー・ポイントである文字は必ず表記されるのです）。

〈問３・解答〉②

チェック〈そのⅠ〉 **問４**

「ことばの世界と身体の生きる世界の二重化」（問３）

＝

「これは私たちがしじゅう何気なく経験していることであるので、ことあらためて言うほどのことではない」と思われるかもしれない。

しかし、

「ことばの世界と身体の生きる世界の二重化（問3）の構図」（こそ）

○「指示語＋キー」＝（今現在のキーを教えてくれる形です）

このごく日常的な二重化の構図こそ、

○順を追って説明していることを示しています。結論へ導くためです。

←○「私」＝筆者登場の形です。ポイントの書き方ですから、設問となりました。（問3）

まずは私がここで確認しておきたいことなのである。

（問3と）同じポイントの説明をもう一度繰り返すことを教えてくれる書き方です。

＝　○問4は、問3をさらに具体的に説明した選択肢を選ぶこととなります。

念押しに、C手近で見つけた小さな詩歌からさらに二つ例を引く。

雪がコンコン降る。

人間は

その下で暮らしているのです。

四十代　この先生きて何がある風に群れ咲くコスモスの花

問４ **傍線部C「手近で見つけた小さな詩歌からさらに二つ例を引く」とあるが、例として引かれた詩歌を、筆者の考え方に即して説明したものはどれか。**

◎本文に戻るのではなく（本文を繰り返し読むのではなく）、前の設問（傍線部）、前の正答の選択肢と結びつけて解きましょう。

○問３と同じ意味内容（ポイント＝「ことばの宇宙」）を表すわけですから、当然同じ書き方になります。

◎内容と形式は表裏一体の関係です。

○問３選択肢②（左記）と問４選択肢をよく見比べてください。

詩・短歌の世界・「ことばの世界」

ことばがことばだけで独立した世界を生成し、私たちの身体が実際に生きている現在とはまた別に、私たちがその世界をありありと感じ取ることができること。

①「四十代　この先生きて何がある……」の短歌は、四十代の人間にしか感じられないような虚無感を、同世代の読者に対して雄弁に訴えかける。

②「雪がコンコン降る。……」の詩は、雪景色を知らない読者にも、雪国に生まれた人間が感じるのと同じような雪の冷たさや白さを追体験させ、雪国の生活とそこに生きる人々に対する

共感を抱かせる。

③「雪がコンコン降る。……」の詩は、読者が現在どのような環境にあるかにかかわらず、「降り積もる雪の下の家々で、一人一人の人間が生きているのだ、」ということを読者の眼前にありありと描き出す。

④「四十代　この先生きて何がある……」の短歌は、読者が作者の年齢や人生に対する思いを共有したときに、初めて、秋の風に吹かれるコスモスの群れの寂寥を感じさせる。

⑤「雪がコンコン降る。……」の詩は、「果てしなく降り続く雪のもとでの人々の生活を想像させる」とともに、読者がかつて目にした雪国の情景をそのままよみがえらせ、重層的な世界をつくり出す。

○問3選択肢②と問4選択肢③が同じ書き方をしているのがわかるでしょう。

◎日本語の本文の意味内容（ポイント）を、同じ日本語（選択肢）で正しく記そうとすれば、同じ形式・書き方をせざるを得ないのです。

チェック〈そのⅡ〉問4

○問4のポイント内容は、問3と同じポイント内容です。問3傍線部をチェックしてみましょう。

問3傍線部B「ことばの世界と身体の生きる世界の二重化」

ことばがことばだけで立ち上げる世界

私たちの身体が実際に生きている現在（世界）

○問4は、この二つのポイントを具体的に記している（この意味内容を表している）選択肢を選ぶことになります。

③「雪がコンコン降る。……」の詩は、

○「現在」・「世界」・「環境」が根本の意味を同じにして使われているのがわかります。

私たちの身体が実際に生きている現在（問3）

＝世界

読者が現在どのような環境にあるかにかかわらず、

ことばがことばだけで立ち上げる世界

「降り積もる雪の下の家々で、一人一人の人間が生きているのだ、」ということを

読者の眼前に**ありありと**描き出す。

○バランスを意識しましょう。「ことばの世界と身体の生きる世界」はバランスを取っているのですから、「ことばの世界」の（中の）人間も「生きている」のです。

○問3選択肢②でもこの**副詞**が使われていました。

◎正解の選択肢同士で同じ副詞が使われることはよくあります。（その場の表現にぴったり合った副詞というものはそう多くはないからです）。

〈問4・解答〉③

◎選択肢は、ボリュームのある本文から、ポイントをコンパクトにして見せてくれているのです。一つの文章の中での各設問なのですから、結びつかないわけがありません。試験において、もし自分の選んだ選択肢同士が結びつかなければ、それはどちらかの答（あるいは、いずれもの答）が間違っているということです。

◎文字から目を離さないようにしましょう。一生懸命に読み取ろうとすると、文字から目が離れ、頭の中だけでの作業になってしまいがちです。そうすると、選択肢に記されている文字を見落とし、実際には記されていない文字（キーワード）を勝手に自分の頭の中で補ってしまうという過ちをおかします。読解問題は、文字から文字への書きかえです。目の前にある文字を大切に見ましょう。そこに答に必要な文字があります。

○問4の限定強調表現の選択肢について

①「四十代　この先生きて何がある……」の短歌(は)、四十代(の)人間(に)しか感じられないような虚無感(を)、同世代(の)読者(に)対して(て)雄弁(に)訴えかける。

④「四十代　この先生きて何がある……」の短歌(は)、読者(が)作者(の)年齢(や)人生(に)対する思い(を)共有

したときに、初めて、秋の風に吹かれるコスモスの群れの寂寥を感じさせる。

○限定強調にひっかかった人はいますか？　本文で限定強調の書き方をしているのは「ことばの宇宙」についてです。（「ことばがことばだけで一つの世界をなす」）。問4は、「ことばの世界と身体の生きる世界の二重化」について具体的に記さなければいけない問題です。限定強調はここで必要ではありません。読み違えていますよ。

チェック〈その1〉 問5

「身体がその生身で直接に生きる世界」とは別に、

現在

○限定強調→ポイントとなる書き方→設問になる書き方です→（問3・問4・問5）

（問3②）

ことばがそれだけで独自に開く世界がある。そのことを人は「ことばの宇宙」と呼んできた。

＝

生きる（問4③）

ことばがことばだけで独自に開く世界を、人が「ことばの宇宙」と呼ぶこと

→

もとよりそれは一つの比喩である。

○絶対強調・限定強調→ポイントとなる書き方です→設問になるということです→問5

○絶対強調

○限定強調

ことばがまったく身体の世界からの支えなしに、それだけで成り立つなどということは、本来ありえない。

○ここで、3、4段落で記したポイント（「身体とことばのかかわり」）が再登場です。

◎ポイントが再登場すると、必ず新たな意味内容が加わります。→設問→問5

◎「起承転結」→「起承」のポイントに「転」の意味が添加し、文章は「結」ばれます。

身体が生きる世界を離れ、それとの関係の一切を断ってしまったところでは、個々のことば自体が意味をなさない。

○絶対強調→問5

○前文と同じ内容が繰り返し書かれています。ポイント内容の繰り返しです。→問5

○前文をポイントとし、以下説明とする書き方です。

だいいち、語り出す声は身体から発する息の音であり、書きつけた文字は身体の仕草の痕跡である。

○絶対強調→問5（ポイント内容と表裏一体の書き方）。

この身体を出入りする息、身体の紡ぎ出す仕草ぬきに、ことばはありえない。

これはあまりに当たり前のことである。

○逆接＝前後でバランスを取りながら、論を展開します。

しかしそれだけではない。

○絶対強調→問5
条件━結果

ことばで語り出す世界の中身そのものが、この生身で生きる世界を離れては、根を失う。

○ポイントを繰り返し、さらに内容を深めていきます→問5

○以下は具体的な説明です。（〔yuki〕・〔kaze〕など、具体例の表記です）。

○ポイント内容と同じ絶対強調（限定強調）の表記もあります。（ポイントと具体例は表裏一体）。→問5

雪を肌に受けて震える身体、その下で冷たい冬を過ごす身体をぬきには、〔yuki〕はただの音声にすぎないし、「雪」の文字は意味不明の模様にすぎない。あるいは風の音を聞き、それが頬に触れる感触をもつ身体を離れては、〔kaze〕はただの無意味な音声以外のものではなく、「かぜ」はただの無意味な綴りでしかない。

○絶対強調　　当たり前のこと

D ことばはすべて、どこかで身体の世界に根ざしている。これもまた自明の理である。

○同じポイント内容がまた繰り返され、ここで設問となりました。みな、絶対強調（限定強調）の表現もされてきました。
（絶対強調と限定強調の書き換えは可能です）。

○「しかしそれだけではない。」というように、「しかし」でバランスを取っています。よって、問5は「しかし」の前のポイント内容から、問題を解く上での判断材料としなければいけません。つまりそれは「ことばの宇宙」（問3【問4】ポイントからの流れ）です。絶対強調の表現も、その後から始まっていました（「ことばがまったく身体の世界からの支えなしに、それだけで成り立つなどということは、本来ありえない」）。絶対強調・限定強調はポイントとなる書き方ですから、設問となるのです。

○問5は、この「ことばの宇宙」の意味内容を示し、それを打ち消し（深め）ている「形」の選択肢を選ぶこととなります。
（本文でその書き方をしていたからです。逆接「しかし」がその「打ち消し」かつ「深める」という働きをしています。
あくまでも本文があって、選択肢があります。

〈解答イメージ〉

「ことばの宇宙」（問3【問4】ポイント）

しかし

ポイント内容（絶対強調の表現内容を含みます）。

「存在」を表す書き方です。

場所

◎問題と答は表裏一体。

問5 **傍線部D「ことばはすべて、どこかで身体の世界に根ざしている」とあるが、それはどういうことか。**

問3（問4）

① 「ことばの宇宙」は、身体から独立して成り立った独自の世界である

（しかし）が、

個々のことばが現実の身体をとおして初めて意味を持つ以上、身体から切り離されて

条件——結果（絶対強調）

（絶対強調）

存在することはできない。

② ことばが身体を出入りする息、身体の生み出す仕草によって表現されるものである以上、それらをぬきにして生み出された「ことばの宇宙」は、ただの音声と記号からなる抽象的なものにすぎない。

③ ことばが身体の世界を離れることで立ち上げられた「ことばの宇宙」は、われわれを生き生きとした空想の世界に巻き込むが、そのような世界は錯覚であり、実体を持つことができない。

④「ことばの宇宙」は、現実とは別に独自に形成された世界であるが、ことばそのものは、あくまで直接的な身体の世界にはめこまれる形でしか意味を持ちえず、機能することもない。

⑤「雪」ということばが、雪の冷たさを体験したことのない人間には実感できないように、「ことばの宇宙」も、生身の身体に支えられたものであり、直接に体験することがなければ成立しない。

チェック〈そのⅡ〉 問5

◎起承転結は文章構成の基本です。マクロ的な見方をしての文章構成だけでなく、ミクロ的な見方をしてのそれにおいても（つまりは一冊の本から、読解問題として抜粋されている部分内容においても）、起承転結は成り立ちます。そして試験問題では、必ずこの起承転結の「転」の内容の位置での設問があります。（設問構成によっては、つまりそれは文章のボリュームによってはということですが、「転」と「結」を併せての設問となる場合もあります）。

○今回、問5が起承転結における「転」の問題です。（そして問6が「結」の問題・まとめの内容の問題となっています。本文最終3段落が結びの位置で、【問6の】ポイント内容となっています）。

◎起承転結の「転」の問題は、それ以前の問題とバランスを取ります。今回、問5が、これまでのポイント内容（問3・問4）とバランスを取っています。左記の**〈問5解答イメージ〉**がそのバランスの形です。

「ことばの宇宙」（問3【問4】ポイント内容）

しかし、

問5ポイント内容

〈問5・解答〉①

チェック〈そのI〉問6

問5選択肢①「『ことばの宇宙』は、身体から独立して成り立った独自の世界であるが、個々のことばが現実の身体をとおして初めて意味を持つ以上、身体から切り離されて存在することはできない。」

○絶対強調。（不可能）

○問6へとつながっていきます。

○絶対強調

○文章の「結」です。

D

ことばはすべて、どこかで身体の世界に根ざしている。これⓜもまた自明の理である。

○「ことば」と「身体」が同等の位置に記されています。この二つの語は、もちろん問6のキーになります。

にもかかわらず、

○逆接「にもかかわらず」で、前の問5ポイント内容とバランスをとりながら、最終的な論（「ことばの宇宙」の「もつ」「単なる比喩を越えた側面」【最終ポイント】へと続きます。↓問6「ことばの宇宙」）。

「ことばの宇宙」という言い方は単なる比喩を越えた側面をもつ。

なにしろ身体の世界は、その身体のいる〈ここのいま〉に縛られ、

私たちの身体が実際に生きている現在（問3）

その身体の位置を「基点」とする遠近法をまぬがれることができない。

○絶対強調↓問6

（不可能）

ところが

「ことばの宇宙」

ことばが立ち上げる世界のなかでは、知らないうちに〈ここのいま〉の自分の身体の位置を

私たちの身体が実際に生きている現在（問3）

抜け出し、視点を移動させて、

○「ところが」の前文には絶対強調の表現が使われています。設問（答）となる表現です。よって、「ところが」で始まるこの一文も、前文とのバランスから、設問（答）となると見ます。↓問6

○また「ところが」の前文の述部は「不可能」の書き方をしていますから、「ところが」で始まるこの一文も、バランスから、述部を「可能」表現にすることができます↓可能は＋のイメージになります。

←

「ことばの宇宙」に身を移してしまえている（可能表現【＋のイメージ】）

そのことばの世界のなかに身を移してしまっている。

たとえば

○「たとえば」で前文をポイント（問6）と教えてくれています。以下にポイントの具体的説明を記しますが、ポイントと例は表裏一体の関係です。↓文末を、ポイントの文末と同じく可能表現に書きかえられるということです。↓問6選択肢④

小説を読みふけるとき、読んでいる自分がその世界のなかに移り住んでいるかのように錯覚する（ことができる【可能表現・＋のイメージ】）。そうした錯覚のうえで人はことばの宇宙を楽しみ、またそこに巻き込まれて苦悩する（ことができる【可能表現・＋のイメージ】）。

小説の（世界のなか）

○直喩（強調表現↓設問・答になります↓問6）

「指示語＋キー」↓問6

○「こ」で始まる指示語。直前の二つの文（具体例内容）を指し示し、下にポイント内容（まとめ）を置きます。

このことは別に文章のうまい下手にかかわらない。いかにたどたどしくともことばはことばである。

「どのような文章においても」、という意です。（○絶対強調↓問6）

ことばは身体に根ざし、それでいて身体を越えるもの。

「指示語＋キー」↓問6

そうした両義を「本性」とする。

→「私たちの生活世界において働いているその現場の例」→「ことばの宇宙」
→「私たち」が「出発すればよい」」「ことば観」です。（マクロ的ポイント）

○最終部、「ことば」という語が頻出し、「身体」という語が「ことば」と同じ位置に記され、やはり頻出しています。

問6　本文の内容と合致するものを、次の①～⑥のうちから二つ選べ。

※不適内容を赤で塗りつぶしましたが、消去法をするのではなく、正答に必要なキーが記されているかどうかを意識しながら丁寧に読んでください。

①　「ことばの宇宙」は、視覚や聴覚や触覚によって確かめることができる生活世界と対話的にかかわりあいながら成立しており、〈ここのいま〉において独自の世界を立ち上げてゆく。

②　「小説を読む」ということの一面は、作中人物と同化し、その苦悩や喜びを生きることである。が、私たちの想像力には限界があるので、読者としての経験は錯覚のうえに成り立つものでしかない。

③　「読書」という行為において、私たちが現実の日常を忘れ、本の中の主人公になったかのような錯覚を覚えるのは、ことばの世界と身体の生きる世界とが、対話的にかかわりあっているからである。

「私たちの身体が実際に生きている現在」（問3）

○本文では「ところが」という逆接の前で、「〈ここのいま〉に縛られ」、その後で「抜け出し」、「移動」という文字を使っていました。

○「動作の並行」＋「逆接」

〈ここのいま〉

例示

④　私たちは限られた場所にいながら、ことばによってその場所から解き放たれ、日常生活における出会いと同じように、「ことばの宇宙」で多くの人と出会い、

「ことばの宇宙を楽しみ、またそこに巻き込まれて苦悩する（ことができる）」

苦しみや喜びを経験することができる。

＝

○本文「ところが」以下の内容ですから、可能の「できる」（＋のイメージ）となっています。（バランスです）。正解の選択肢は、本文の行間のポイント意味内容を補い、示します。

⑤　ことばを人間の生活に即してとらえない〈語—文法〉的ことば観の限界を克服するためには、物語世界を立ち上げる「ことばの宇宙」の比喩的な働きを活用しなければならない。

◎まずは本文のポイントの位置をおさえ、そこのキーワードをチェック！ そして、そのキーが選択肢にあるかどうかで答を選びます。この意識が読解力を向上させます。

○問6の選択肢①〜⑥の中で、「ことばの宇宙」と文字の上で記しているのは選択肢①・④・⑤です。この「ことばの宇宙」は、「私たち」の「出発すればよい」「ことば観」を考える上で、「ともあれ、まずはことばが私たちの生活において働いているその現場をいくつかの例から取り出して見てみることが必要となる」（4段落）とした直後に記されたものでした。前述したように、「ことばが私たちの生活において働いているその現場」は、「私たちの生活世界において働く」（2段落）ことと同じ意で、「身体とことばのかかわり」（3段落）、「他者との関係の場」、「本質的な対話性」（問2選択肢⑤）とも結びつく内容でした。（みな同じ位置に記されていた語でした）。そしてこれは、傍線部Aの「ことば観」とは違うものでした。「ことばの宇宙」は、書き出しの問3（問4）でこそ、「ことばがことばだけで独立した世界」と表現されましたが、問5で「『ことばの宇宙』は、「身体から独立して成り立った独自の世界であるが、個々のことばが現実の身体をとおして初めて意味を持つ以上、身体から切り離されて存在することはできない」と記されます。つまり、「ことばの宇宙」は、「ことばが私たちの生活において働いているその現場」の例そのものだったのです。これは「私たち」の「出発すればよい」「ことば観」という大本のポイントと結びつくものです。（だからこそ「ことばの宇宙が問3・4・5で設問ともなったのです）。

○よって、問6で選ぶべき選択肢の一つは、「ことばの宇宙」という文字を記し、本文最終部でその「単なる比喩を越えた側面」についてのポイント内容（具体例内容【ポイントと具体例は表裏一体で、内容は同じです】）を正しく記したものということになります。→選択肢④

○また問6で選ぶべきもう一つの選択肢は、その「ことばの宇宙」を成り立たせている「ことば」の「両義」「性」、「ことばは身体に根ざし、それでいて身体を越えるもの」という内容を記したものです。

○本文では、「指示語＋キー」の形で「そうした両義」と記していました。このキーが記されているのは選択肢⑥だけです。

○そして、この「ことば」の「両義」「性」こそが、4段落で問題提起された「私たちはどのようなことば観のもとに出発すれば、ことばが私たちの生活世界において働くその様をありのままに見ることができるのだろう。」の「私たち」の「出発すればよい」「ことば観」（マクロ的ポイント）です。書き出しからことばと同等にキー・ポイントとして記されてきた「身体」の文字も、ここにはきちんとあります。

◎マクロ的ポイントは最後に必ずおさえ、設問とも結びつけましょう。
それが内容把握であり、読解です。

⑥「ことばの両義性」とは、

「私たちの身体が実際に生きている現在」（問3）
「身体の生きる世界」

「身体の世界は、その身体のいる〈ここのいま〉に縛られ、その身体の位置を基点とする遠近法をまぬがれることができない」

身体の世界が身体を「基点」とする遠近法をまぬがれないのに

○絶対強調

対して、

問5

ことばが身体に根ざしながら、

「ことばが立ち上げる世界のなかでは、知らないうちに〈ここのいま〉の自分の**身体**の位置を抜け出し、視点を移動させて、そのことばの世界のなかに**身**を移して」

身体

それを越えてことばの世界へ移行し、独自の世界を立ち上げることを意味している。

「ことばの宇宙」

○選択肢⑥も、選択肢④と同じように、本文「ところが」以下の内容を記しています。この文章全体の一番のポイント内容（位置）だからです。

◎他の設問の選択肢と結びつけましょう。文章の流れは設問の流れです。

〈問6・解答〉④・⑥

第1問解答

〈問1〉ア＝**系**統　①**傾**聴　②**渓**流　③**経**緯　④**啓**発　⑤**系**譜

イ＝**臨**場　①人**倫**　②**林**立　③大**輪**　④**臨**機　⑤近**隣**

ウ＝**鉛**色　①順**延**　②**炎**症　③**縁**故　④亜**鉛**　⑤高**遠**

エ＝**紡**ぎ　①**棒**大　②**忙**殺　③感**冒**　④解**剖**　⑤混**紡**

オ＝**縛**られ　①起**爆**　②**暴**露　③捕**縛**　④**漠**然　⑤**麦**芽

ア……⑤　イ……④　ウ……④　エ……⑤　オ……③

※問1のア〜オの漢字問題のカタカナは、（解説・チェック）中では漢字表記にしています。

〈問2〉⑤　〈問3〉②　〈問4〉③　〈問5〉①　〈問6〉④・⑥

◎大概は文章最終部に一番のポイントがくるということを意識しましょう。

◎一文においても、一つの段落においても大概は最後にポイントがきます。文末決定性。これは日本人気質ともいえます。ものの考え方は、言葉の扱いであり、文章そのものです。それが上から下の流れ、右から左への流れです。下で意味は決定し、左で意味が完結します。（言わぬが花、みなまで言うのは野暮、多くは語らない、等々、日本人はなかなか本心を言わずに、察することが美しく、風情があり、相手を思いやることを良しとするところがあります。もちろん、これを逆側から見て、考える、ということも大切ですが）。

◎ポイントが本文中に、どのような形で、どのような位置に記されているかを意識して繰り返し学習してください。（本書は繰り返し使って、意味のある内容です）。キーワードの書き方、ポイントの位置、それらを意識することが大事です。文章の流れが意識できるようになれば、設問の流れ、予測につながります。

◎ポイント、具体例は関係性です。ポイントがなければ具体例はなく、具体例がなければ、ポイントはありません。またポイント、具体例という見方は、立ち位置（マクロ的視点・ミクロ的視点）によって変わります。そしてミクロ的ポイントと具体例も、結局のところはマクロ的ポイントのためにあります）。

〈始めと終わりのバランス・ポイントと具体例のイメージ〉

A
——————。　ポイント
——————。　具体例（をあげての説明）
——————。　ポイント

B
（——————。　ポイント）
——————。　具体例
——————。　ポイント

C
——————。　ポイント
——————。　具体例
（——————。　ポイント）

◎マクロ的に見れば、文章全体の構成も、一つの段落の構成も、基本はAのイメージです。B・Cは、一方のポイントが隠れているイメージです。ミクロ的には、Dのように、ポイントと具体例が交互に書かれるイメージとなります。

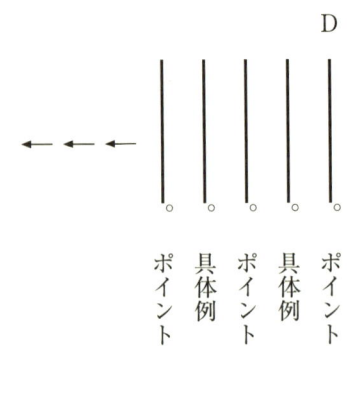

D

——。ポイント

——。具体例

——。ポイント

——。具体例

——。ポイント

←　←　←

※近年、最初に主旨（ポイント）を示し、それから最後迄その説明で通した文章が出題されました。頭括《とうかつ》型の文章です。（右のマクロ的イメージとしてはCのイメージ）。具体例で文章を終えられるというのは、知識や経験がかなり豊富で、例証力があるということです。具体例の内容で、ポイント内容の幅が決まります。具体例部を面白くすることで、その文章の奥深さをつくることができるのです。（ポイントと具体例は表裏一体）。間延びもせず、読み手を飽きもさせず、詳細な例、話題説明で文章を締めくくるには相当の筆力が必要です。

◎ポイントと具体例はバランスをとります。

評論
第2問

次の文章を読んで、後の問い（問1～6）に答えよ。

　科学は現在、近代文明社会を根底から支え動かす巨大な力となっている。人間の在り方をも大きく包み込んでいる。我々は気がついた時、既に様々な分野の科学の知の体系ができ上がっていて嫌でもそれらを学ばねばならないようになっている。そのため科学は、越えて行かなければならない山脈のように我々の前に立ちはだかっているので、人間から独立したもののように思われがちである。科学だから(ア)ダイジョウブだとか科学は悪いとか人ごとのようにいわれるのがそれである。しかし本当は、人間を離れて科学があるのではない。科学とは人間の営みであり人間の一つの在り方である。ただし、科学は人間の実存ではない。人間の知性の世界であって存在の世界ではない。人間がものごとを見るある一定の見方を組織したものが科学である。ただ、その見るという客観化の働きの最も徹底したものであるため、科学の知という表現が蛇足になるほど知そのものとほとんど同義語になっている。

　実存としての人間から独立し得るほど知としての徹底さを持つ科学といえど、人間の知であるからには人間がものごとを知る意識の働きのなかに基礎を持っている。そこで、意識全体の(イ)カイソウのなかで科学がどのような位置にあるかを確認することが必要であろう。

　私（主観）が物（客観）を見るというのは、結果として現れてきた現象である。私という意識は意識されるもの（客観）なしにはありえず、客観も意識するものなしにはない。そこで、人間がものごとを知るという主観と客観の関係の基礎には両者が一体となった状態があり、その原初の世界が分化することによって知るという意識の現象があると見なされなければならない。この意識の根源にある世界は直観の世界であり、古来、主客合一、物我一如といわれてきた。我々が我を忘れてものごとに熱中している時や、美しい風景にうっとり見入っている時のことを考えれば理解しやすい。しかしこの例に限らず、どのような場合にもそのような一体化した状態が意識の根源に存在している。Aそれが分化した時、人間の意識の世界が現れてくる。それは意識するものとされるもの、知るものと知られるものの世界である。これは、主客対立とか主客分裂とかいわれるが、私と私でないものの区別が明瞭《めいりょう》となる世界である。

　意識の根源の世界が分化することによって現れる意識の最初の形態が感覚（知覚）である。感覚の特徴は、その働きの次元が現在にのみ限られるという点である。つまり感覚が捉《とら》えるものは、「現在のもの・その時のもの」である。眼《め》に映っているものは眼を閉じれば見えなくなるし激痛も過ぎ去ればうそのようである。しかしそれらの感覚経験は我々の心に痕跡《こんせき》を残す。それは記憶ともいえるが、単なる言葉の記憶よりも深い所で直感される印象・心に残された残像であり、心象・イメージと呼ぶことができる。

　イメージは固定的なものでなく、普通は時と共に薄れていく。この感覚とイメージの世界に生きる点では人間も動物も同じである。ところが人間はイメージに名前を付けることによってそれを固定して保存する。これが言葉の世界である。イメージはそれぞれ異なっているが、類似したイメージに対してはその類似性に基づいて一つの共通の名前が与えられる。たとえば我々の前に高い山がある。じっと見ていると類似した感覚的イメージの流れがあり、次の日に来てウナガめても前日と類似した感覚的イメージが経験される。そこでその山に富士山という名前を付ける。動物と異なる人間の世界は、流動的世界を固定してその世界のものごとに名を与える言語の世界である。確かに動物にも言葉はある。言葉とは、それによって何かを指し示す記号である。しかし動物の場合、類似した感覚的イメージを身振りや鳴き声で固定して表現するその言語（記号）は、必ず現在のものを指し示すことに限られている。たとえば危険を表す鳥の鳴き声は現在そうであることを離れて意味を持たないし、ベルの音が餌《えさ》を指示するという記号の習得をした犬にとってベルの音は今餌が出るぞという意味であり、その音を涎《よだれ》を出すことなしに聞くことはできない。このような犬とベルの音の関係に対応するのが、人間の場合食事という言葉である。これは、犬に対し餌を指示するのにベル以外のものでもよかったのと同様に、別の言葉でもありえたのであるが、いったん食事という言葉に固定されると現実のすべての食事現象を表す記号となる。それは動物におけるような現在の現象だけに限らず、過去のことも未来のことも示す記号として使われる。だから、動物の言葉が現在において一対一の関係で直接にものごとを示す信号であるのに対し、B人間の言葉は、あらゆる時の一定の類似した現象すべてを表す一般的記号であるため特に象徴と呼ばれる。言葉を話す人間は象徴を操る動物である。

　ところで、言葉は類似した感覚的イメージの共通な部分を抽出した一般的なものであるのに対し、それが表す現実の個々の現象はすべて微妙に異なっている。しかるに人間の経験はすべて現実の現象に基づくものである。感覚的イメージはすべてそこから与えられる。そしてそのイメージに照らして言葉を使っている。言葉はその人にとって過去のすべての感覚的イメージ経験を集約するものとなっている。だから同じ言葉を使っていても、人によってその言葉に反映しているイメージは異なるので意味のズレがあるはずである。人間は言葉によって表面的なコミュニケーションはできるが、お互いに深く分かり合うには、長くつき合って同じ生活経験を共有することが必要になる。

　言葉には、個々人によって異なった過去の経験に基づく異なったイメージが反映している。Cそのような日常言語は、人によってニュアンスが異なり多義的である。そこでその曖昧《あいまい》さを解消するため、意味が明確に定義された言葉が現れてくる。それが概念、専門語であり、学問が成立するのはこのレベルにおいてである。そしてこの言語の客観性をさらに徹底させたものが、数学という自然科学の言語である。これは概念のもつ質的本性も量的単位に還元する最も抽象度の高い記号・数式である。

　数学という言語を用いる科学において、人間の意識の働きは知られるもの（対象）から最も明確に分離した在り方をとっている。そこでは対象とつながる感覚性やイメージ性は完全に排除されている。それはものごとの客観化や対象化が極度におし進められたものである。感覚といえど何らかの対象を知るのであるから対象化の萌芽《ほうが》はあるが、概念においてはじめて、ものごとのつながりを離れた客観化・対象化が完成する。しかしなお質的把握という点で問題を残していて、その対象化をより徹底させたのが近代科学の見方である。これは、物と心との一体的関係から最も遠ざかっている。そのため知のなかの最も確実な知とされているが、同時に、ものごととの生きたつながりを失った抽象的な世界である。そこで働く知性の能力は、ものごとを分析したり一般化したりする思考能力で、悟性とか理性とかいわれている。

　我々が世界とのつながりを持つのは感覚やイメージにおいてである。これらは日常的経験の基礎になっている。感覚の能力は感性であるが、イメージの能力は想像力である。この想像力は、感覚によって与えられたイメージを造り変えたり組み[エ]カえたりして人間の創造活動の[オ]ゲンセンとなる。精神文化は、精神の深層において体験されたイメージの表白である。芸術は美のイメージ、道徳は善のイメージ、宗教は聖のイメージ、哲学は真のイメージというようにイメージの持つ象徴性が想像力によって様々な形を与えられる。これらは感覚的経験と同様、世界とつながった実存の世界である。

これに対し科学は、我々の意識が物との直接的なつながりを完全に断ち切り、D対象化を徹底した知の世界である。だから感覚の主観性やイメージの象徴性は完全に排除されている。

（山下勲「世界と人間」による）

問1　傍線部ア〜オの漢字と同じ漢字を含むものを、次の各群の①〜⑤のうちから、それぞれ一つずつ選べ。

ア　ダイジョウブ
① 胃腸薬をジョウビする
② ガンジョウな家を建てる
③ ジョウダンで人を笑わせる
④ 所有権を他人にジョウトする
⑤ 厳重にセジョウする

イ　カイソウ
① 事件にカイニュウする
② 疑問がヒョウカイする
③ ケイカイなフットワーク
④ チョウカイ処分が下る
⑤ らせん状のカイダン

ウ　ナガめ

① セイチョウな秋の空

② 年度予算がボウチョウする

③ 眼下のチョウボウを楽しむ

④ チョウリ場の衛生管理

⑤ 会場いっぱいのチョウシュウ

エ　カえ

① 仕事のタイマンをしかられる

② 吹雪の中のタイカン訓練

③ フタイテンの決意をする

④ 破損した商品のダイタイ物

⑤ 梅雨前線がテイタイする

オ　ゲンセン

① 知識のイズミである書物

② 悪事に手をソめる

③ アサセで遊ぶ

④ 海にモグる

⑤ 候補者としてススめる

問2　**傍線部A「それが分化した」とは、なにがどうなることか。その説明として最も適当なものを、次の①～⑤のうちから一つ選べ。**

①　人間の主観と客観の混合した直観の世界が、再び主観と客観に区分されること。
②　我々が熱中のあまり我を忘れた状態から目覚め、冷静な自分を取り戻すこと。
③　私の意識が、意識するものと意識されるものに分裂し、知る働きが現れてくること。
④　人間の意識の根源にある世界が、見る私と見られる対象の世界に分離すること。
⑤　私と私でないものの世界が、明瞭に分かれて意識の世界に顕在化すること。

問3　**傍線部B「言葉を話す人間は象徴を操る動物である」とあるが、その説明として最も適当なものを、次の①～⑤のうちから一つ選べ。**

①　人間以外の動物が目の前の現象を身振りや鳴き声で表現する信号しか持たないのに対して、人間は複数の異なるイメージを一つのイメージに集約することで、ものに名前を与えることができる。
②　人間以外の動物が一対一の関係でものごとを指し示すのに対して、人間は複数の感覚的イメージから類似性を抽出することで、各自のイメージ経験の微妙なズレを解消することができる。
③　人間も人間以外の動物も感覚的イメージを表現できる点では同じだが、人間は類似した現象に名前を与えることで、時間を超えてそれらの現象を同じ言葉で指し示すことができる。
④　人間も人間以外の動物も感覚とイメージの世界を生きる点では同じだが、人間は時とともに変化するイメージに名前をつけて固定することで、一般化された記号を獲得することができる。
⑤　人間は人間以外の動物と異なって、経験によって獲得した曖昧なイメージに名前をつけて抽象的なイメージに統合することで、個人の経験を超えた共通の世界を出現させることができる。

問4 **傍線部C「そのような日常言語は、人によってニュアンスが異なり多義的である」とあるが、「そのような日常言語」の具体例として最も適当なものを、次の①～⑤のうちから一つ選べ。**

① 山に登ると水は貴重だ。ペットボトルの水が半分残っているのを見て、ある人は「まだ半分ある。」と思うし、別のある人は「あと半分しかない。」と思う。水の分量は同じであっても、その受けとめ方は人それぞれだ。

② 公園で、子どもが「いっこ、にこ、……。」と小石を数えている。そばにいたその子の弟が不思議そうにそれを見ている。数の数え方を知らない弟にとって、兄の言葉はおまじないのようなものにしか聞こえないのだ。

③ 西洋の名画が特別に公開された。展覧会場をあとにした人たちは口をそろえて「やっぱり傑作だ。」と感激していた。多くの人々に深い感銘を与える美は、時代や文化の違いを超えて普遍的なものなのだ。

④ 友人とデパートの入り口で待ち合わせた。約束の時間に現れないので携帯電話に連絡すると、別の入り口にいた。「デパートの入り口で……。」という同じ言葉であっても、それぞれが思い浮かべた場所は違っていたのである。

⑤ 最近、家を新築したおじが、「駅から近いよ、歩いておいで。」といって、手書きの地図をくれた。「近い」というので地図をたよりに歩いたところ、かなり歩かされた。「近い」といっても人によってはだいぶ差がある。

問5 **傍線部D「対象化を徹底した知の世界」とあるが、その特質を説明したものとして最も適当なものを、次の①～⑤のうちから一つ選べ。**

① 対象化とは、意識するものとされるもの、知るものと知られるものを明確に分離することである。数学という言語は、その分離を理性によってより明確にし、物とのつながりを断ち切り、物から完全に離れることを可能とする。

② 概念は、たとえ明確に定義されていても曖昧な部分を残すが、対象を量に還元する数字や数式は、意識と物とを切り離すことで曖昧さを排除する。数字や数式を用いる科学の世界では、物を最も客観的にとらえることが可能である。

③ 日常言語が曖昧さから逃れられないことに比べ、数学は人間の経験の集積を量的単位に還元することで、その曖

味さを完全に除去している。そのため近代科学に代表されるような、より客観的な物の見方を可能にしている。

④ ものごとを知ること自体がすでに対象化の出発であるが、それを積極的におし進めるためには、感覚やイメージの持つ曖昧さを解消する必要がある。質的把握の面で問題を残すものの、抽象的な記号はその理想の言語である。

⑤ 感覚やイメージの働きは確かに客観性に欠けるところがある。しかし、人間は感覚やイメージをより洗練させ、より高い客観化を可能とする理性や悟性を持ち合わせており、それらは同時に近代科学の世界の基礎ともなっている。

問6　本文の内容と合致するものを、次の①～⑥のうちから二つ選べ。ただし、解答の順序は問わない。

① 人間の感覚やイメージは主観性や象徴性を超えるものではないが、我々の日常的経験の基礎をなしているものであり、芸術や道徳、宗教や哲学といった精神文化を生み出す根源的な力ともなるものである。

② 感覚やイメージを排除し、生きた世界とのつながりを断ち切ることで知のなかでも最も確実な知となった科学は、そのぶん抽象化をまぬがれることはできず、人間の営みからは独立したものとなる。

③ 科学は人間の営みにほかならないので意識の働きのなかに位置づけられるものではあるが、意識と対象とのつながりを切断することで個別な感覚やイメージの持つ曖昧さを解消し、徹底的に客観化をおし進める。

④ 日常言語が対象と意識が未分化な主客合一的、あるいは物我一如的な言語であるのに対して、数学を代表とする自然科学の言語は、物と心の一体関係からは最も遠ざかった客観化された言語である。

⑤ 人と人とのコミュニケーションでは、生活に根ざした感覚的イメージが反映されるため、言語のニュアンスに微妙なズレが生じるが、長くつき合い同じ生活経験をすることでその曖昧さを解消することが可能である。

⑥ 意識の根源においては私と私でないものは一体化しているが、科学の知は見るという働きを徹底化させることによってはじめて原初的な世界を分化させ、主と客、私と私でないものを区別して対象化を完成させる。

評論　第2問〈解説・チェック〉

※問1の漢字問題のカタカナは、〈解説・チェック〉中では、漢字表記にしています。

チェック〈その1〉　問6

科学は現在、「近代文明社会を根底から支え動かす巨大な力」となっている。人間の在り方をも大きく包み込んでいる。我々は気がついた時、既に様々な分野の科学の知の体系ができ上がっていて嫌でもそれらを学ばねばならないようになっている。そのため科学は、越えて行かなければならない山脈のように我々の前に立ちはだかっているので、人間から独立したもののように思われがちである。科学だから大丈夫だとか科学は悪いとか人ごとのようにいわれるのがそれである。しかし本当は、人間を離れて科学があるのではない。「科学」とは人間の営みであり人間の一つの在り方である。ただし、科学は人間の実存ではない。人間の知性の世界であって存在の世界ではない。人間がものごとを見るある一定の見方を組織したものが科学である。ただ、その「見る」という客観化の働きの最も徹底したものであるため、「科学の知」という表現が蛇足になるほど「知そのもの」とほとんど同義語になっている。

「実存」としての人間から独立し得るほど「『知』としての徹底さを持つ科学」といえど、人間の知であるからには人間がものごとを知る意識の働きのなかに基礎を持っている。そこで、意識全体の階層のなかで科学がどのような位置にあるかを確認することが必要であろう。

○今回、書き出し部分の文章チェックは**〈解説・チェック〉**の最終部で示しています。書き出しと結びのバランスのイメージを学んでもらうためです。しかし、右の書き出しもここであらためて読んでください。これからの**〈解説・チェック〉**の理解が深まります。

○書き出しのキーは「科学」です。（主語・指示語・頻出語であり、直喩表現でポイント強調もされています）。→当然、「科学」を問2のキーと予測しながら読み始めるわけですが、ここから「科学」の語は消えます。よって、問2で「科学」はキーとなりません。しかし注意してください！　書き出しは、文章末のポイント（具体例）と直接繋がります。（書き出しと結びのバランス）。つまり最終の（まとめの）設問と繋がるということです（→問6）。

◎また書き出しのキーは「起承転結」の「転」以降で再登場し、（そこで必ず「転」の意味内容を受けてのポイントとなり）設問となります。（今回、書き出しのキー「科学」が再登場しての設問は問5になります）。

チェック〈そのI〉 **問2**

私（主観）が物（客観）を「見る」というのは、「結果」として現れてきた現象である。

「私」という意識は意識されるもの（客観）なしにはありえず、

客観も意識するものなしにはない。

○絶対強調→「私という意識」・「客観」を強調。→問2

そこで、

人間がものごとを「知る」という主観と客観の関係の基礎には

「主観と客観」（が）

＝

両者が「一体」となった状態があり、

「主観と客観が一体となった」（原初の世界が）

「その原初の世界が分化することによって

『知る』という意識の現象がある」と見なされなければならない。

○ポイントと具体例の関係性を自分で見やすくしましょう。

○「時」は具体的表記です。

主部（キー・ポイント）

具体例

この意識の根源にある世界は直観の世界であり、（たとえば）古来、「主客合一」、物我一如」（な

どと）といわれてきた。我々が我を忘れてものごとに熱中している時や、美しい風景にうっと
り見入っている時のことを考えれば理解しやすい。

しかし

○絶対強調↓問2

この例に限らず、どのような場合にも

「意識の根源にある直観の世界、（主客合一、物我一如といった）主観と客観の」（一体化した状態が）

そのような一体化した状態が
意識の根源に存在している。

「意識の根源に存在している一体化した状態」（が）

A
それが分化した時、
人間の意識の世界が現れてくる。

「（意識の根源にある世界が分化した時、現れてくる）人間の意識の世界」（は）

それは

「見るものと見られるもの」

意識するものとされるもの、知るものと知られるものの世界である。

「意識するものとされるもの、知るものと知られるものの世界」（は）

これは、

主客対立とか主客分裂とかいわれるが、

私と私でないものの区別が「明瞭」となる世界である。

意識の根源の世界が分化すること

によって

現れる意識の最初の形態が感覚（知覚）である。

～～

問2 **傍線部A「それが分化した」とは、なにがどうなることか。**

○傍線部のキーワード（「それが」という主語【指示語】）の内容と、漢字【表意文字】をチェックします。そうして選択肢で、それらに対応する位置の語をチェックします。

○「化」は助辞（助字）的な役割と見ますから、「分化」で意味をチェックする漢字は「分」です。

「分ける」 ←

「区別する」
「離す」←

① 人間の主観と客観の混合した直観の世界が、再び主観と客観に区分されること。

② 我々が熱中のあまり我を忘れた状態から目覚め、冷静な自分を取り戻すこと。

③ 私の意識が、意識するものと意識されるものに分裂し、知る働きが現れてくること。

「人間」の「意識の根源に存在している一体化した状態」

④ 人間の意識の根源にある世界が、

我と物
主と客
＝
見る私と見られる対象の世界に分離すること。

⑤ 私と私でないものの世界が、明瞭に分かれて意識の世界に顕在化すること。

チェック〈そのⅡ〉 問2

（問2）

A それが分化した時、人間の意識の世界が現れてくる。

○4段落は、前段落のポイント内容（傍線部A・問2）を示してから次に論を進めています。

＝ **意識の根源の世界が**分化することによって現れる意識の最初の形態が感覚（知覚）である。（4段落第一文）

〈問2・解答〉 ④

チェック〈そのⅠ〉 問3

○4段落第一文をもう一度見てください

（問2ポイント内容）＝ → 意識の根源の世界が分化することによって現れる意識の最初の形態が感覚（知覚）である。

○前のポイント（問2ポイント内容）を示し、そのポイントを引き継いで次の論（ポイント）を展開していくこの書き方が、本書で繰り返し言っている「ポイントのつながり」、「設問のつながり」のイメージです。「解答のつくり」もこの形が基本となっています。

○「感覚（知覚）」が、問2のポイント内容と直接繋がっていますから、次の問3では、この「感覚（知覚）」が設問（答）となるはず、とこの時点でわかります。（必ずポイントが設問【答】となります。設問は文章の流れの中でつくられるからです）。

○問3の選択肢で、「感覚（知覚）」という語を使っている選択肢をここでチェックしてみましょう。

①　人間以外の動物が目の前の現象を身振りや鳴き声で表現する信号しか持たないのに対して、人間は複数の異なるイメージを一つのイメージに集約することで、ものに名前を与えることができる。

②　人間以外の動物が一対一の関係でものごとを指し示すのに対して、人間は複数の感覚的イメージから類似性を抽出することで、各自のイメージ経験の微妙なズレを解消することができる。

③　人間も人間以外の動物も感覚的イメージを表現できる点では同じだが、人間は類似した現象に名前を与えることで、時間を超えてそれらの現象を同じ言葉で指し示すことができる。

④　人間も人間以外の動物も感覚とイメージの世界を生きる点では同じだが、人間は時とともに変化するイメージに名前をつけて固定することで、一般化された記号を獲得することができる。

⑤ 人間は人間以外の動物と異なって、経験によって獲得した曖昧なイメージに名前をつけて抽象的なイメージに統合することで、個人の経験を超えた共通の世界を出現させることができる。

○「感覚」という語を使っているのは②・③・④の選択肢です。そのいずれもが「イメージ」という語と一緒に「感覚」を使っています。ということは、本文はこれから「感覚」という語と共に、「イメージ」もポイントとして書かれていくはずです。設問・選択肢は、本文を読んでいく上でのガイド役です。

感覚の特徴は、「その働きの次元が**現在**にのみ限られる」という点である。

○限定強調→「現在」を強調。→問3

つまり

感覚が捉えるものは、「現在のもの・その時のもの」である。眼に映っているものは眼を閉じれば見えなくなるし激痛も過ぎ去ればうそのようである。

しかし

それらの感覚経験は我々の心に痕跡を残す。

○事実の前置きの「が」＝「記憶ともいえる」に重きは置かれません。重要なのは「が」の下の内容。

＝

↓**「心象・イメージ」**（↓問3選択肢で確認したキー）。

それは「記憶」ともいえるが、単なる言葉の記憶よりも深い所で直感される印象・心に残された残像であり、**「心象・イメージ」**と呼ぶことができる。

イメージは固定的なものでなく、普通は時と共に薄れていく。

○「感覚とイメージ」が並び、「世界」という語と連体修飾格の格助詞の「の」で繋がります。

↓「世界」も問3のキーになる、ということです。

この感覚とイメージの世界に生きる点では人間も動物も同じである。

ところが

人間はイメージに名前を付けることによってそれを固定して保存する。

これが**言葉の世界**である。

○ここまで本文を読んで、次の問3は「**言葉の世界**」についての問題であるはず、とわかります。「この感覚とイメージの世界」と書かれ、それに問2も「**世界**」の問題でした。問2選択肢④は、「人間の意識の根源にある**世界**が、見る私と見られる対象の**世界**に分離すること。」でした。

◎設問は本文のガイド役です。
○5段落の始めで、この「言葉の世界」という語が記され、5段落終わりで、傍線部B（問3「言葉を話す人間は象徴を操る動物である」）があります。
◎始めと終わりはバランスをとります。
○5段落は、「人間」の「言葉の世界」を「動物」と比較しながら説明していくはず、とわかります。（↓問3）
◎逆接の「が」は、その前後で＋－イメージの逆転をしながら、意味内容のバランスもとりますが、前置きの「が」は、その前後の＋－イメージの逆転をすることもあれば、しないこともありますし、また前後の意味内容のバランスも弱かったり、それをとらなかったりもします。いずれにせよ、前置き内容部分の意味に重きは置かれません。しかし、そこに一つの完成した意味内容は存在しています。

イメージはそれぞれ異なっているが、類似したイメージに対しては、その類似性に基づいて一つの共通の名前が与えられる。

↑「言葉の世界」＝ポイント

たとえば

○ここは、具体例内容の前後にポイントの形です。

我々の前に高い山がある。じっと見ていると類似した感覚的イメージの流れがあり、次の日に来て眺めても前日と類似した感覚的イメージが経験される。

そこで

○固有名詞は具体例。この「　」は具体例の強調の「　」です。

○具体例「富士山」に対してのポイントは「名前」です。

その山に「富士山」という名前を付ける。

○ポイントと具体例は表裏一体です。

動物と異なる人間の世界は、流動的世界を固定してその世界のものごとに

「言葉の世界」＝ポイント

名を与える**言語の世界**である。

○「確かに」＝補足説明です。

確かに動物にも言葉はある。「言葉」とは、それによって何かを指し示す記号である。

しかし

○「場合」＝具体例をあげての説明内容、と教えてくれる語です。

動物の場合、類似した感覚的イメージを身振りや鳴き声で固定して表現する

○絶対強調→問3

その言語（記号）は、必ず**現在**のものを指し示すことに限られている。

○「確かに」からの文は、「動物と異なる人間の」「言語の世界」がポイントで、「動物の」「言葉」は具体例（補足説明）ですが、「**たとえば**」とあるように、ここからは「動物の」「言葉」→「**（今）現在**」（絶対強調・頻出語）をポイントとし、それを説明していきます。（しかしこの時もマクロポイントである「人間の」「言語の世界」から目を離してはいけません。「動物の」「言葉」→「**現在**」と記したのは、「人間の」「言語【の世界】」→「**現在だけでない**」といいたいためです。ミクロポイントの説明は、マクロポイントのためにあります）。

たとえば危険を表す鳥の鳴き声は**現在**そうであることを離れて意味を持たないし、「ベルの音が餌を指示する」という記号の習得をした犬にとってベルの音は「**今**餌が出るぞ」という意味であり、その音を涎を出すことなしに聞くことはできない。

○絶対強調→問3

○絶対強調→問3

このような犬とベルの音の関係に対応するのが、

人間の場合「食事」という言葉である。

○「人間の」「言葉」にキー・ポイントが戻ります。段落末のまとめに入っていくのです。（→問3——線B）

これは、犬に対し餌を指示するのにベル以外のものでもよかったのと同様に、

別の言葉でもありえたのであるが、

（「食事という」「名前を付けることによって」「イメージ」「を固定して保存する」と）

いったん「食事」という言葉に固定されると

—

○5段落始めのポイント内容のくり返し。（意味内容を深めています）。

○絶対強調（→問3）
＝　○始めと終わりのバランスです。

現実のすべての食事現象を表す「記号」となる。（これが**言葉の世界**である。）

○「鳥」、「犬」という具体的な語から「動物」という語（ミクロ的キー・ポイント）に戻りました。

○絶対強調で強調されていた「**現在**」も記されています。まとめ（ポイント）部に入ったのです。

＝　○「ような」＝例示

それは動物におけるような**現在**の現象だけに限らず、

◎前に記されていたものは自分で補いましょう。（意味が捉えやすくなります）。

過去のことも未来のことも（指し）示す「記号」として使われる。

だから、

動物の言葉が**現在**においての一対一の関係で直接にものごとを（指し）示す信号であるのに対し、

○絶対強調→問3

○絶対強調→問3
＝　指し示す（指示する）

人間の言葉は、**あらゆる**時の一定の類似した現象すべてを表す一般的記号であるため特に「象徴」と呼ばれる。

B言葉を話す人間は象徴を操る動物である。

◎文章末や段落末の「こ」で始まる指示語（「このように」など）は、これから「まとめ」に入ることを教えてくれる語です。指示語の行き先は、具体的な例をあげての説明内容。指示語の下は「まとめ」・「ポイント」という形になります。（「こ」で始まる指示語は、指示語の中でも、最も遠くまで指し示すことができ、最もボリュームある内容を指し示すことができます。そのため文章末や段落末に使われることが多いのです）。

問3 **傍線部B「言葉を話す人間は象徴を操る動物である」とあるが、その説明として最も適当なものを、次の①～⑤のうちから一つ選べ。**

※選択肢の不適内容を赤で塗りつぶしましたが、まずは、本文のポイントの位置のキーを確認し、その語が選択肢にあるかどうかで答を選びましょう。消去法の意識は捨てて、キー・ポイントに意識を集中してすべての選択肢を丁寧に読んでください。

① 人間以外の動物が目の前の現象を身振りや鳴き声で表現する信号しか持たないのに対して、人間は複数の異なるイメージを一つのイメージに集約することで、ものに名前を与えることができる。

② 人間以外の動物が一対一の関係でものごとを指し示すのに対して、人間は複数の感覚的イメージから類似性を抽出することで、各自のイメージ経験の微妙なズレを解消することができる。

〈問3ポイントの流れ〉

○問2・ポイント

意識の根源の世界が分化することによって現れる意識の最初の形態が

感覚（知覚）（働きの次元が**現在**にのみ限られる）

←

イメージ（固定的なものでなく、**時**と共に薄れていく）

←

人間（・動物）＝感覚とイメージの世界（に生きる）

←

（動物の言葉＝**現在**のみ・一対一の関係で直接にものごとを指し示す信号）

人間の言葉＝**あらゆる時**の一定の類似した現象すべてを指し示す一般的記号・象徴

③ 人間も人間以外の動物も感覚的イメージを表現できる点では同じだが、

人間は類似した現象に名前を与えることで、

名前を付ける

「で」＝手段・方法 → 結果 → 表す

時間を超えてそれらの現象を同じ言葉で指し示すことができる。

あらゆる時

（象徴）（名前）

○「現在の現象だけに限らず」、「あらゆる時」というキー・ポイントを、文字の上で出しているのは、選択肢③「**時間を超えて**」だけです。

○傍線部Ｂ「言葉を話す人間は象徴を操る動物である」

「言葉」＝「名前」＝「象徴」です。

「言葉の世界（言語の世界）」＝「名前（象徴）を付ける」ということを説明するわけですから、その上で「言葉」という語は問３において、当然のことながら必要になってきます。「言葉」という語を使っているのも選択肢③だけです。説明に必要な語を使わなければ正解の選択肢はつくれません。

チェック〈そのⅡ〉問３

○傍線部Ｂ「言葉を話す人間は象徴を操る動物である」

◎述語動詞の書きかえに注意しましょう。述語動詞の上の助詞「を」・「に」・「で」を置き換えると、動詞の意味が捉えやすくなります。

※不適内容です。

④　人間も人間以外の動物も感覚とイメージの世界を生きる点では同じだが、人間は時とともに変化するイメージに名前をつけて固定することで、一般化された記号を獲得することができる。

○選択肢④はそもそも必要なキーワードが揃っていませんが、述語動詞も不適当です。「獲得する」は、傍線部Bの「操る」と結びつきません。「獲得」は、getです。ない状態から、手に入れること、得ることです。「操る」は上手にあつかう意です。本文で最も使われていた「操る」という意の語は「指し示す」・「指示する」でした。

◎正答はポイント内容をわかりやすく記したものです。わかりにくい意味内容のものは不適当です。

⑤　人間は人間以外の動物と異なって、経験によって獲得した曖昧なイメージに名前をつけて抽象的なイメージに統合することで、個人の経験を超えた共通の世界を出現させることができる。

○問3は「言葉の世界（言語の世界）」の設問です。「言葉の世界（言語の世界）」が「どういう世界」なのかということを具体的にわかりやすく記せ、という設問です。ですから、問3の選択肢で、「言葉の世界（言語の世界）」という語をそのまま記しているものはありません。

〈問３・解答〉③

◎読解問題は「見る作業」です。行間を読み取るという作業も、あくまで本文の文字から意味を引き出す作業です。それには本文の文字を見落とさない力と、語彙力が必要です。リレー式の辞書引きで語彙力をつけましょう。

チェック〈その1〉 問４

○転換の接続詞「ところで」で段落が始まります。

◎転換の接続詞で始まる一文には、新しいキーワード（ポイント内容）が必ず登場します。

○ここでは、「言葉」「が表す現実の個々の現象」（は）（主部）です。
「すべて」という絶対強調の文字もあります。

○「転換」＝新たな問題（ポイント）提起・絶対強調→問４

ところで、言葉は類似した感覚的イメージの共通な部分を抽出した一般的なものであるのに対し、

それが表す現実の個々の現象はすべて微妙に異なっている。

○絶対強調→問４

○転換の接続詞「ところで」でこの段落が始まったように、ここが本文の起承転結の「転」の位置となります。問４（――傍線部Ｃ）が「転」の設問です。

◎この「転」の設問は、これまでのポイント内容（問３）を転じながら、バランスもとります。

問３選択肢③「人間は類似した現象に名前を与えることで、時間を超えてそれらの現象を同じ言葉で指し示すことができる」

↕

ところで

問４傍線部Ｃ「日常言語は、人によってニュアンスが異なり多義的である」

○本文は、「転」から「結」へと進みます。書き出しのキーであった「科学」がこれから（再）登場するはずです。（↑この「先読みの感覚」、「読解意識」を持てるようにしましょう）。

◎書き出しのキーは、「転」の意味内容が完成したところで再登場します。

→ 個々人によって異なった過去の経験に基づく異なったイメージが反映している（日常言語）

問４　傍線部Ｃ「そのような日常言語は人によってニュアンスが異なり多義的である」とあるが、「そのような日常言語」の具体例として最も適当なものを、次の①～⑤のうちから一つ選べ。

①　山に登ると水は貴重だ。ペットボトルの水が半分残っているのを見て、ある人は「まだ半分ある。」と思うし、別のある人は「あと半分しかない。」と思う。水の分量は同じであっても、その受けとめ方は人それぞれだ。

② 公園で、子どもが「いっこ、にこ、……。」と小石を数えている。そばにいたその子の弟が不思議そうにそれを見ている。数の数え方を知らない弟にとって、兄の言葉はおまじないのようなものにしか聞こえないのだ。

③ 西洋の名画が特別に公開された。展覧会場をあとにした人たちは口をそろえて「やっぱり傑作だ。」と感激していた。多くの人々に深い感銘を与える美は、時代や文化の違いを超えて普遍的なものなのだ。

④ 友人とデパートの入り口で待ち合わせた。約束の時間に現れないので携帯電話に連絡すると、別の入り口にいた。「デパートの入り口で……。」という同じ言葉であっても、それぞれが思い浮かべた場所は違っていたのである。

⑤ 最近、家を新築したおじが、「駅から近いよ、歩いておいで。」といって、手書きの地図をくれた。「近い」というので地図をたよりに歩いたところ、かなり歩かされた。「近い」といっても人によってはだいぶ差がある。

◎注目すべきは、選択肢同士よりも、選択肢（例）と本文（ポイント）です。本文（ポイント）があって、選択肢（具体例）があります。

○選択肢から問題となっている日常言語を抜き出します。

①「半分」　②「いっこ、にこ……」　③「傑作」　④「入り口」　⑤「近い」

○「そのような日常言語」とは、「個々人によって異なった過去の経験に基づく異なったイメージが反映している」「日常言語」です。選択肢の問題となっている日常言語の意味が、別の意味になるものを選ぶことになります。「そのような日常言語は、人によってニュアンスが異なり多義的」になるからです。

①の「半分」という量は変わりません。「まだ」と「あと」という「受けとめ方」が違っているのです。

②の「いっこ、にこ……」という数は変わりません。「弟」は「数の数え方を知らない」だけです。

③の「傑作」という評価に異義のある語は文中に出てきません。「展覧会場をあとにした人たち」も、「時代」の違う人たちも、その「絵画」に「深い感銘」を受けているという内容です。

④の「入り口」に変化はありません。「それぞれが思い浮かべた場所」が違っていただけです。

⑤のおじは「近い」と言いましたが、私は「かなり歩かされ」ました。私にとっては、「近」くはなく、遠かったのです。

チェック〈そのⅡ〉問4

○文字の上からチェックしてみましょう。

○問4は、「傍線部C『そのような日常言語は、人によってニュアンスが異なり多義的である』とあるが、『そのような日常言語』の具体例として最も適当なものを、次の①～⑤のうちから一つ選べ。」というものです。問題の直接の要求は「具体例」ですから、各選択肢には、「水」や「いっこ、にこ……」、「入り口」、「近い」などという具体的な日常言語が出ています。しかし、この選択肢の内容の中だけで見れば（ミクロ的な見方ということです）、そこにはポイントと具体例の関係を見ることができます。**ある一つの意味を説明しようとした場合、どのような書き方をしても具体例とポ**

イントという関係性は生まれます。そしてそれらは同じ意味を表すわけですから、同義の語を使い、同じ文体になります。ならざるを得ないのです。

○各選択肢のポイントを出してみます。

◎日本語は文末決定性です。ポイント（意味決定）は最後にきます。

↓各選択肢の文末を中心にしてポイントを出せばいいということです。

① 水の分量は同じであっても、その受けとめ方は人それぞれだ。

② 数の数え方を知らない弟にとって、兄の言葉はおまじないのようなものにしか聞こえないのだ。

③ 多くの人々に深い感銘を与える美は、時代や文化の違いを超えて普遍的なものなのだ。

④ 「デパートの入り口で……。」という同じ言葉であっても、それぞれが思い浮かべた場所は違っていたのである。

⑤ 「近い」といっても（、）人によってはだいぶ差がある。

○今度は、また一歩さがってみて、ポイントと具体例の関係を、設問部と選択肢に戻します。（問4の設問部内容（本文傍線部）をポイントとし、選択肢を具体例内容とするということです）。繰り返しますが、ポイントと具体例は同じ意味を表すわけですから、選択肢のポイント内容はどうしても、設問部（本文傍線部）と同義の語を使い、同じ文体をとります。とらざるを得ないのです。（問題と答は表裏一体です。問題文の文字をよく見れば、答は透けて見えるというのは大仰な言い方ではありません）。

○では、設問部（本文傍線部）と選択肢のポイント（直前に記した①～⑤）を照合してみましょう。それぞれの語、そしてその位置をよく見比べてください。

〈設問部【本文傍線部】〉

そのような日常言語は、

差異（陰影・濃淡）（がある）

人によってニュアンスが異なり多義的である。

〈選択肢⑤〉

日常言語

「近い」といっても（、）

人によってはだいぶ差がある。

※「は」＝強調の副助詞（省略しても意味が通じます。「人によってだいぶ差がある」）

○設問部（本文傍線部）と同義の語を使い・同じ文体をとっているのは〈選択肢⑤〉だけです。

チェック〈そのⅢ〉問4

C
そのような日常語は、人によってニュアンスが異なり多義的である。

そこでその曖昧さを解消するため、〜　〜。

○傍線部Cの直後の文で、「その曖昧さ」というように「指示語＋キー」の形で、「曖昧さ」が問4のキーであることを示しています。

「そのような日常言語は」「曖昧」なのです。問4は「日常言語」の「曖昧さ」の問題です。

〈問4・解答〉⑤

チェック〈そのⅠ〉問5（・問6）

○**「そこで」**という順接の接続詞は、前に問題点・不明点等を記し、後にその対策や答を結果の形で記します。ここでは、「日常言語」の「曖昧さ」（問4）を前に記していました。

「日常言語」の「曖昧さ」（問4）　↑　前の（問4）のポイントを示し、

「指示語＋キー」　次のポイント（問5→「概念」、「専門語」）へと、話を展開していきます。

そこでその曖昧さを解消するため、

意味が明確に定義された言葉が現れてくる。

それが概念、専門語であり、
学問が成立するのはこのレベルにおいてである。

○「指示語＋キー」は常におさえていきましょう。（↓問5）
「概念、専門語」

そしてこの言語の客観性をさらに徹底させたものが、

○冒頭のキーの再登場です。（問４「日常言語」の「曖昧さ」の後での登場です）。

「数学」という自然科学の言語である。
→これは概念のもつ質的本性も量的単位に還元する最も抽象度の高い記号・

○絶対強調（↓問5）

数式である。

○問5の選択肢においては、「曖昧」（問4からの流れのキー）、「概念」＝「専門語」、「数学という自然科学の言語」＝「記号・数式」や、絶対強調（の意味）が、必要となるはずです。（「概念」と「専門語」が同じ意味内容、そして「数学という自然言語」と「記号・数式」が同じ意味内容で記されていますから、それらは、それらのうちのいずれかの語が選択肢に記されていれば良いでしょう）。
○また、ここで注意すべきは、再登場した書き出しのキー「科学」です。「自然科学」＝「科学」。問5のキーとなります。

「終わり」は「始まり」と結びつきます。（バランス）。

◎文章の流れは設問の流れ、設問の流れは文章の流れです。（日本語の文章は右から左です。左の意味内容は、右の意味内容があってこそ成り立ちます）。

○問２キー・ポイントは、「人間の意識の世界」でした。そして問３は、「人間の言葉の世界」。（問４はその「言葉の世界」の「曖昧さ」でした。）→問５は「人間の科学の世界」、と予測できます。

問５　傍線部Ｄ「対象化を徹底した知の世界」とあるが、その特質を説明したものとして最も適当なものを、次の①～⑤のうちから一つ選べ。

①「対象化」とは、意識するものとされるもの、知るものと知られるものを明確に分離することである。「数学」という言語は、その分離を理性によってより明確にし、物とのつながりを断ち切り、物から完全に離れることを「可能」とする。

②**概念**は、たとえ明確に定義されていても曖昧な部分を残すが、対象を量に還元する数字や数式は、意識と物とを切り離すことで曖昧さを排除する。数字や数式を用いる科学の世界では、物を最も客観的にとらえることが可能である。

③日常言語が曖昧さから逃れられないことに比べ、数学は人間の経験の集積を量的単位に還元することで、その曖昧さを完全に除去している。そのため近代科学に代表されるような、より客

観的な物の見方を可能にしている。

④ ものごとを知ること自体がすでに対象化の出発であるが、それを積極的におし進めるためには、感覚やイメージの持つ曖昧さを解消する必要がある。質的把握の面で問題を残すものの、抽象的な記号はその理想の言語である。

⑤ 感覚やイメージの働きは確かに客観性に欠けるところがある。しかし、人間は感覚やイメージをより洗練させ、より高い客観化を「可能」とする理性や悟性を持ち合わせており、それらは同時に「近代科学の世界」の基礎ともなっている。

○**この時点で、問5で選ぶべき選択肢が、キーの揃っている選択肢②であろうことがわかります。**（「人間を離れて科学があるのではない。科学とは人間の営みであり人間の一つの在り方である。」、「人間の知性の世界」【1段落】、「（科学は）人間の意識の働きのなかに基礎をもっている」【2段落】とあったように、「科学の世界」とは、「（人間の）科学の世界」なのです。本文はこれから問5の選択肢②の確認と、問6解答のために読んでいくことになります【↓論理的思考・論理的読解・論理的記述・解答時間の短縮】）。

○選択肢③、選択肢⑤には「**概念**」という語がありません。「概念」というキーが問5に必要であることもきちんと確認しながら読んでいきましょう。

チェック〈そのⅡ〉 問5・問6

問5・傍線部Dは文章末にあります。問4傍線部Cの直後（「そこでその曖昧さを〜〜」を問5（のポイント）の始まりの位置とし、傍線部Dを問5（のポイント）の終わりの位置と見ることができます。（始めと終わりのバランスです。【――線は、問題作成者がそこに〈その近くに〉ポイントのあることを教えてくれているのです。問4は、傍線部Bの直後「ところで」から傍線部Cまでのポイントの問題。問5は、傍線部Cの直後「そこで」から文章末までの問題となっています。文章の流れの中に設問はあります】）。

また文章全体というマクロ的な見方からすれば、傍線部Cの直後「そこで」から文章末までのひとまとまり（問5）は、ミクロ的な見方ということになります。しかし傍線部Dは文章末で、――線の最終設問でもありますから、問5（傍線部D）を解く上で、文章全体からのマクロ的な見方も意識しなければいけません。つまりは、文章の書き出しと、文章最終部のバランス・内容を意識しなければいけないということです。このことから、問6の設問も、問5と結びつけて解けます。文章全体の一番のポイント内容は、まず文章最終部だからです。問5の傍線部Dは文章最終部に引かれ、問6は文章全体のポイントの問題です。問6は二つの選択肢を選ぶ形になっていますが、二つの正答のうちの一つは問5と直接結びつく内容を含むはずです。

チェック〈そのⅢ〉 問5・問6

問5と問6の設問の違いにも注意してください。問5は傍線の設問です。文章の流れ、設問の流れとして問5はあります。つまり問5には問4からのポイントの流れがあるのです。「曖昧」という語が問5のキーとなっているのはこのためです。「概念」という語が問5のキーとなるのも、同様に文章の流れがあるからです。

「数学」という言語を用いる科学において、

人間の意識の働きは

知られるもの（対象）から最も明確に分離した在り方をとっている。

○絶対強調→問5

○「科学」と「感覚性やイメージ性」が反対の位置で並んでいるのがわかります。

「数学という言語を用いる科学（の世界）」＝

○絶対強調→問5

→　（問2・問3）　＝

そこでは対象とつながる感覚性やイメージ性は完全に排除されている。

それはものごとの客観化や対象化が極度におし進められたものである。

○「が」＝事実の前置き（一つの意味が完成していますが、ここの意味に重きは置かれません。筆者の言いたいことは、「が」の下です）。

＝　←

「感覚」といえど何らかの対象を知るのであるから対象化の萌芽はあるが、　←

○ここのキーは、「**感覚**」（問3）ではなく、
「概念」ということです。↓問5②

←

概念においてはじめて、

ものごとのつながりを離れた客観化・対象化が完成する。

問2④　人間の意識の根源にある世界が、見る私と見られる対象の世界に分離すること。
その「最初の形態が感覚」・「イメージ」を固定し、保存するのが言語の世界（問3）・（曖昧）
その「日常言語の曖昧さ（問4）↓（解消）客観化・対象化（問5）↓概念（問5②）

しかし

（概念は）なお「質的把握」という点で問題を残していて、

「曖昧さ」

その対象化をより徹底させたのが

←

対象化（客観化）の徹底（問5）

「客観化」

近代科学の見方である。

←

科学（の世界）（問5②）

※問2から問5のポイントの流れを、右中段から下段に矢印を使って示しましたが、前のポイントを「指示語＋キー」（「その～～」）の形で指し示し、新たにポイント内容が流れていくのがわかるでしょう。「指示語＋キー」を本文、そして設問・選択肢で意識できるようになると、読解力（、記述・論述力）は飛躍的に向上します。

「意識の根源にある世界」（問2）

→「科学」

これは、物と心との一体的関係から最も遠ざかっている。

○絶対強調→問5

そのため

「知のなかの最も確実な知」とされているが、

○絶対強調→問5

「科学の世界」

同時に、ものごととの生きたつながりを失った抽象的な世界である。

「抽象的な」「科学」の「世界」（で働く知性の能力は）

そこで働く知性の能力は、

ものごとを分析したり一般化したりする思考能力で、悟性とか理性とかいわれている。

「人間」

＝

我々が世界とのつながりを持つのは

○再度、「科学」の文字が消えます。「我々が」が主語となったからです。

「科学」はあくまでも、「人間の科学の世界」なのです。

感覚やイメージにおいてである。

→ →

○「我々」が主語となり、ふたたび「感覚やイメージ」がキーとなりました。

問6

問6で選ぶべき二つの選択肢の内の一つのキー・ポイントということです。

これらは日常的経験の基礎になっている。

感覚の能力は感性であるが、イメージの能力は想像力である。

←「人間の感覚やイメージ」

この想像力は、感覚によって与えられたイメージを造り変えたり組み替えたりして

問6

「人間の創造活動の源泉」となる。

精神文化は、精神の深層において体験されたイメージの表白である。

→

○「たとえば」と入れられますから、前文はポイントの位置となります。

＝

「精神文化（は）」（主語）は、キー・ポイント。↓問6

←

（たとえば）

「芸術は美のイメージ、道徳は善のイメージ、宗教は聖のイメージ、哲学は真のイメージ」

「ように」＝例示（＝下の内容がポイント）　創造（問6）

＝「ことばを話す人間は象徴を操る動物」（問3）　＝

というようにイメージの持つ象徴性が想像力によって様々な形を与えられる。

「芸術」や「道徳」、「宗教」や「哲学」（→「精神文化」→「感覚やイメージ」→問6）

→これらは感覚的経験と同様、世界とつながった実存の世界である。

これに対し

◎逆接の下の主語に注意。前の文の主語と異なる場合は特に注意！（今回、異なっています！）

↓逆接の下の主語は「科学は」です。↓問5・問6

科学は、我々の意識が物との直接的なつながりを完全に断ち切り、

○「科学」というキーが再々浮上　○絶対強調（→問5・問6）

D
対象化を徹底した知の世界である。

だから

○「**だから**」＝因果関係（表裏一体）ですから、前後で「絶対強調」の意も揃っています。

（問３）「言葉を話す人間は象徴を操る」
＝　○**絶対強調**（→問５・問６）

感覚の主観性やイメージの象徴性は**完全に**排除されている。
←「客観化」

○最終段落は、「これに対し」という語で始まっているように、前段落と「対」の形をとってバランスをとっています。問６は文章全体のポイントの問題ですから、選ぶべき二つの選択肢のうちの一つは最終段落の内容（問５選択肢②と直接結びつく内容→キーは「科学」）、そしてもう一つは最終段落と「対」の形をとっているその前の段落の内容ということになります。（→キーは「精神文化」・「感覚やイメージ」）。

◎逆接の下の主語に注意しましょう。（省略されている場合は、逆接の前文と同一ということです。）

○「これに対し」の下の主語は「科学は」です。（「科学」は書き出しのキーでした。書き出しと結びでキー・ポイントのバランスがとれています）。

〈問６解答イメージ〉

問６（「感覚やイメージ」・「精神文化」）

これに対し　～　～　。

問５②　＝　問６（「科学」）

〈問5選択肢②〉

概念は、たとえ明確に定義されていても曖昧な部分を残すが、

対象を量に還元する数字や数式は、意識と物とを切り離すことで曖昧さを排除する。

記号

人間の意識の世界（問2）

人間の言葉の世界（問3）

数字や数式を用いる科学の世界では、物を最も客観的にとらえることが可能である。

○絶対強調

○本文においては、「客観化」でした。「的」・「性」・「然」・「化」は本文と選択肢の間でよく書きかえられます。（文の書き方によって置き換えが可能なのです）。↓本文においても、選択肢においてもチェックしやすい文字となりますから注意しましょう。

※参考までに、問5選択肢④を示します。

「ものごとを知ること自体がすでに対象化の出発であるが、それを積極的におし進めるためには、感覚やイメージの持つ曖昧さを解消する必要がある。質的把握の面で問題を残すものの、抽象的な**記号**はその理想の言語である。」

○この選択肢には、「概念」、「科学（の世界）」、それに「絶対強調の語」がありませんから不正解です。説明に必要なキーがなければ、適した説明はできないのです。

◎読解は、目の前の文章を真っ直ぐに受けとめてあげる作業です。目の前にいる人の話を真剣に聴き、その気持ちを真っ直ぐ受けとめてあげることと同じです。

◎読み取ろうと一生懸命になりすぎると、頭の中だけでの作業になってしまいがちです。そうすると、正答に必要なキーを見逃します。（頭の中では母語で考えるため、記されていないキーを自分の頭の中で補ってしまいがちなのです）。正答に必要なキーがあるかどうかで選択肢をチェックしましょう。

消去法もキーを見逃しやすい解答法です。消去法をするなら、本文のキーワードと選択肢の文字の照合をきちんとした後です。（キーワードチェックの段階で正答はまず得られます）。

文章の書き出し・チェック〈そのI〉 問6

○実際の試験においては、もちろん読み始めからチェックします。今回は、文章（設問）の書き出しと結びのバランスを意識してもらうために、ここで本文の書き出しの**〈解説・チェック〉**を示し、あわせて問6を解説していきます。

科学は現在、「近代文明社会を根底から支え動かす巨大な力」となっている。

人間の在り方をも大きく包み込んでいる。我々は気がついた時、

既に様々な分野の科学の知の体系ができ上がっていていて嫌でも

それらを学ばねばならないようになっている。

そのため

科学は、越えて行かなければならない山脈のように我々の前に立ちはだかっているので、

○直喩＝「『科学』【主語】」を強調。

人間から独立したもののように思われがちである。

科学だから大丈夫だとか科学は悪いとか人ごとのようにいわれるのがそれである。

○「科学」があまりに巨大で、「人間から独立し」てあると「思われがち」なことを直喩表現でくり返し強調しています。

↓直喩・くり返し（法）は、ポイント強調ですから問題となります。↓問6

しかし

本当は、人間を離れて科学があるのではない。

「科学は人間の営みにほかならない」（問6③）

「科学」とは人間の営みであり人間の一つの在り方である。

○連体修飾格の格助詞「の」の位置、そしてそれがつくる語の意味に注意しましょう。

ただし、

科学は人間の実存ではない。

人間の知性の世界であって存在の世界ではない。

人間がものごとを見るある一定の見方を組織したものが科学である。

「ある」＝連体詞　↓抽象的な書き方はポイントの書き方です。

＝　↓設問になるということです。（↓問5・問6）

ただ、「その見る」という客観化の働きの最も徹底したものであるため、

「指示語＋キー」

○絶対強調（↓問5②・問6③）

「科学の知」という表現が蛇足になるほど「知そのもの」とほとんど同義語になっている。

○「ほど」＝程度の強調。↓「徹底的に客観化」した「科学」を強調。（設問↓問5②・問6③）

＝　＝

「実存」としての人間から独立し得るほど「『知』としての徹底さを持つ科学」といえど、

＝「科学」

人間の知であるからには人間がものごとを知る意識の働きのなかに基礎を持っている。

そこで、

（人間の）意識全体の階層のなかで科学がどのような位置にあるかを確認することが必要であろう。

↓

問2「人間の意識の根源にある世界」

○筆者は、1段落末で「科学とは人間の営みであり」（問6③）、「人間がものごとを見るある一定の見方を組織したものが科学である。ただ、その見るという客観化の働きの最も徹底したもの」が「科学」なのだ（問5②・問6③）と述べます。そして「人間がものごとを知る意識の働きのなかに基礎を持っている」その「科学」が「意識全体の階層のなかで」「どのような位置にあるかを確認することが必要であ」る、とこれからの文章の方向付けをします。

○ここまでのキーである「科学」（主語や指示語の形で何度も書かれ、直喩表現などでも強調されていました）の文字がこれからしばらく消えるのは、「人間の」「意識全体の階層（世界）」からまず説明していくためです。（↓問2「人間の意識の根源にある世界」）

〈解答イメージ〉

問6①　「人間の感覚やイメージ」（「精神文化」）

これに対し

問5②　＝　問6③「科学は人間の営みにほかならない」＝『書き出し』

＝バランス

「結　び」

◎最終設問は、これまでの設問（解答した選択肢）と結びつけましょう。正答の選択肢同士はみな結びつきます。

問6 本文の内容と合致するものを、次の①〜⑥のうちから二つ選べ。

「人間がものごとを見るある一定の見方を組織したものが科学」
「人間がものごとを知る意識の働きのなかに基礎を持っている」「科学」
＝
（人間の）科学の世界（問5）
↕
（問2・問3・問4）

① 人間の感覚やイメージは主観性や象徴性を超えるものではないが、
我々の日常的経験の基礎をなしているものであり、
人間の創造活動の源泉
「芸術や道徳、宗教や哲学」といった「精神文化を生み出す根源的な力」ともなるものである。

② 感覚やイメージを排除し、
「生きた世界」とのつながりを断ち切ることで

知のなかでも「最も確実な知」となった科学は、
そのぶん抽象化をまぬがれることはできず、
人間の営みからは独立したものとなる。

↔

選択肢③「人間の営みにほかならない」

○相反する意味内容の選択肢がある場合、大概、どちらかが正答です。

※不適内容を赤で塗りつぶしましたが、まずは、本文のポイントの位置のキーを確認し、その語が選択肢にあるかどうかで答を選びましょう。その意識が読解力を向上させます。

問5選択肢②「概念は、たとえ明確に定義されていても曖昧な部分を残すが、対象を量に還元する数字や数式は、意識と物とを切り離すことで曖昧さを排除する。数字や数式を用いる科学の世界では、物を最も客観的にとらえることが可能である。」

＝　1段落内容 ↓　2段落内容 ↓　＝「に」＝場所（「世界」）

③　科学は人間の営みにほかならないので意識の働きのなかに位置づけられるものではあるが、

（問2）・問5

意識と対象とのつながりを切断することで

（問3）　問4

個別な感覚やイメージの持つ曖昧さを解消し、

問5

徹底的に客観化をおし進める。

※「的」・「性」・「然」・「化」

④ 日常言語が対象と意識が未分化な主客合一的、あるいは物我一如的な言語であるのに対して、数学を「代表」とする自然科学の言語は、物と心の一体関係から最も遠ざかった客観化された言語である。

⑤ 人と人とのコミュニケーションでは、生活に根ざした感覚的イメージが反映されるため、言語のニュアンスに微妙なズレが生じるが、長くつき合い同じ生活経験をすることでその曖昧さを解消することが可能である。

⑥ 意識の根源においては私と私でないものは一体化しているが、科学の知は見るという働きを徹底化させることによってはじめて原初的な世界を分化させ、主と客、私と私でないものを区別して対象化を完成させる。

〈問5・解答〉②
〈問6・解答〉①・③

第2問解答

〈問1〉

	①	②	③	④	⑤
ア＝大**丈**夫	**常**備	頑**丈**	**冗**談	**譲**渡	施**錠**
イ＝**階**層	**介**入	氷**解**	軽**快**	懲**戒**	**階**段
ウ＝**眺**め	清**澄**	膨**張**	**眺**望	**調**理	**聴**衆
エ＝**替**え	**怠**慢	**耐**寒	不**退**転	代**替**	停**滞**
オ＝源**泉**	**泉**	**染**める	**浅**瀬	**潜**る	**薦**める

ア……②　イ……⑤　ウ……③　エ……④　オ……①

※問1のア～オの漢字問題のカタカナは、〈解説・チェック〉中では漢字表記にしています。

〈問2〉④　〈問3〉③　〈問4〉⑤　〈問5〉②　〈問6〉①・③

◎本文の意味内容はきちんと理解してください。形（式）だけの理解は不可能です。また形（式）を理解せずして、本当の内容理解もありません。正答の選択肢を読んでも、本文の内容理解ができない場合は、語彙力がかなり不足している証拠です。辞書を常に手元に置いて、リレー式の調べ方をとことんしましょう。意味をおさえ、本書の文章チェックをすれば、それまで見えていなかったものが、必ず見えてきます。

「評論」第1問、第2問の〈解説・チェック〉を読み終えたあなたへ

本書は、試験でどのような文章の問題に出あっても通用するチェックを示しています。

限られた時間内での文章チェックで重要なのは、ポイントが出てきた際、それが設問になる、答になる、と意識できることです。感覚で引く、何語にもわたっての長い――線のチェックは、重要な語も、文の関係性も浮かび上がりません。チェックしていないのと同じことになってしまいます。どうぞ一語への意識を持ってください。

私のいう一語への意識とは、文章の中にある一語です。単語暗記の一語とは違います。文章の流れの中で、生きている一語です。それは、文章の形をつくりあげている語です。

本来、読解の中で、形は意識されなければいけないものです。しかし、多くの方は、現代文の読解というと、形など気にせず、ただひたすら集中して（自分の読解センスと知識とど根性で）内容を読み取ろうとします。

現代文が、日常語、母語であるためです。

人は母語を使って思考します。日本人の現代文（母語）読解学習の難しさが、実はここにあります。多くの方がしている現代文読解は個人の思考そのものといえます。思考には、知識、経験、性格、生活環境等、様々なものが関わってきます。現代文読解も、これらを頼りに（といっても母語であるためほとんど無意識に）、そして文章の形は気にせず、内容だけを一生懸命に追ってしまっているのです。それもこれも、現代文が母語だからです。選択肢に本当は記されていない語の意味内容を自分で無意識に補って読んでしまうのも、そのためです。形からの読解意識がないのですから、人によっては、日常会話のレベルで、難解な文章にあたっているとさえいえます。

教える側にも問題があります。文章の内容を説明しようとすれば、その形から離れてしまい、逆に形を示そうとすれば、今度は内容を忘れてしまう、というのが大概です。教わる側とすれば、学習した内容が実際の試験にまったく役に立たない、ということになります。授業でやった文章が実際の試験に出題されたことを喜ぶしかなくなります。目の前の文章の内容からだけの理解を追った結果です。内容理解が現代文読解のすべてと、それがゴールであると、無意識に思っているためです。（これは教える側、教わる側、双方にいえます）。形を捉えられない内容理解は、学問の入り口に立つ国語読解とはとてもいえません。

日常の読書では、どのような読み方をしても良いでしょう。日常の読書のメリットはたくさんあります。（なにしろ、それは人生における読書といっても良いものです）。しかし「現代文」読解は、数学や物理と同じように、学問としてあります。本書は、学問の入り口にあるセンター試験国語現代文をどのように読み解けばよいかを、形と内容の両面から示したものです。

意味内容を理解せずに、形式だけで文章チェックをしようとしても無理です。内容の理解なしに、形式のチェック・理解はありえません。「先読み」、「予測」のチェックも、内容と形式の両面からの力です。辞書を活用して、語彙力もつけてください。

読解を学ぶということは、実は、論述、文章の書き方を学ぶということでもあるのです。本書は、センター試験の問題を使って、文章の読み方と同時に、書き方の基本を示しています。この基本は、創造へとつながっていきます。

知らなかったことを学び、習得するのが学習です。それは、自分自身の力となるものです。あたり前のことですが、あるいは、小中高という長い学校生活で忘れてしまっていることかもしれません。

あなたをつくるのは、あなた自身です。実力というものは、あなたの心を豊かにし、謙虚な姿勢（より力を得られる姿勢、学ぶ姿勢、誠実さ）をも授けてくれるでしょう。

私は、試験で確実に得点してもらうためだけに本書を記したのではありません。文章自体を誠実に捉える姿勢をあなたに身につけてほしく、そして志望校合格の先にあるあなたの人生を応援したく、この書を記しました。志望校合格はゴールでもスタートでもありません。あなたはこれから先も走っていくように、今も走り続けているのですから。

第1問、第2問の**〈解説・チェック〉**は文章チェックに慣れてもらう内容としました。これからの第3問、第4問の**〈解説・チェック《実践編》〉**は、実際に試験問題を解答していく形に近い文章チェックです。「文章の先読み、問題と答の先読み」です。文章の流れと設問の流れのイメージを意識できるようにしましょう。

第3問、第4問も時間を気にせず、まずは自力で全問解答してもらうわけですが、その際、第1問、第2問の**〈解説・チェック〉**から学んだことをできるだけ思い出して解答してください。「文章の流れを意識できる」ということ、「イメージを浮かべられる」ということ、それは読解力をつける上でとても重要なことです。「意識」、「イメージ」してほしいのは、文章、設問・解答の「基本」です。（どのような分野においても、基本の上に、創意工夫、創造があるのです）。まずは基本をしっかり身につけてください。（次頁に、第1問、第2問で解説したいくつかの「基本」の「イメージ」についてまとめました）。

しかし注意してください。

「イメージ」は、あくまで「イメージ」です。それに縛られてはいけません。ことばは生きています。それは、生きた人間そのものです。何よりも真っ直ぐに受けとめなければいけないのは、目の前のことばです。柔軟な姿勢と素直な目を持って読んでいきましょう。

※**〈解説・チェック〉**の中に何度も選択肢を記しています。不正解の選択肢も繰り返し読んでください。その箇所で、キーワードのないことを読む必要があり、正答との比較をする意味があるから、誤った選択肢も記しています。読み飛ばしてしまいたくなる気持ちもわからなくはありませんが、あなたの読解の力をつけるためです。面倒臭がらずに、どうぞ丁寧に読んでください。

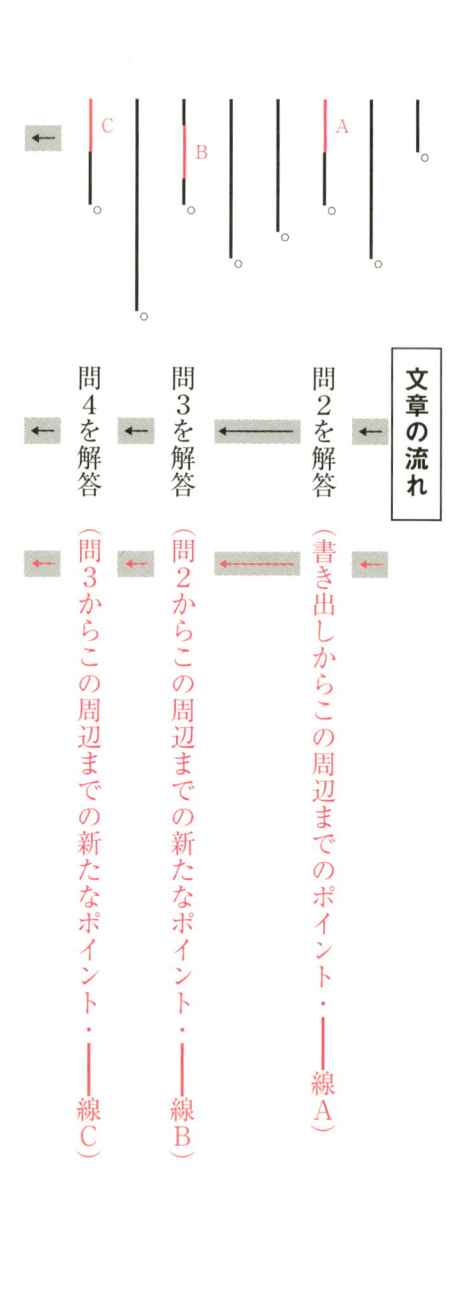

〈文章の流れと、傍線部周辺で立ち止まっての解答イメージ〉

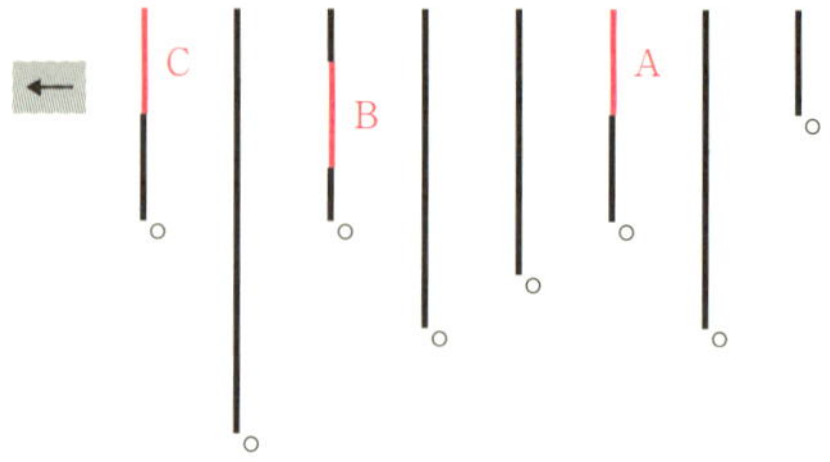

文章の流れ

問2を解答 ←（書き出しからこの周辺までのポイント・──線A）

問3を解答 ←（問2からこの周辺までの新たなポイント・──線B）

問4を解答 ←（問3からこの周辺までの新たなポイント・──線C）

◎ポイントと具体例は表裏一体です。──線はその場のポイント内容に引かれることもあれば、具体例内容に引かれることもあります。

◎──線部のところで、完全な答を出す必要はありません。それは、全文を読み終えてからでも何ら構いません。大切なのは、設問同士のポイント（答）のつながりをおさえることです。（くり返し言います）。ポイントが問題になります。設問同士、答同士も、みなつながります。（一つの文章から設問をつくっているのですから、これは当然のことなのです）。ですから、もし、――線部のところで答えが出せなくとも、まったく困ることはありません。次の設問が、前の設問のヒントになっていたり、答そのものになっていたりします。（答として使うべきキーワードをはっきり見せてくれるということです）。

〈センター試験「評論」問2～問6の正解の選択肢のイメージ〉

問2の正解の選択肢のつくり・形式　＝「～、書き出しからのキー・ポイント内容。」

問3の正解の選択肢のつくり・形式　＝「～、問2のキー・ポイント内容、～問3のキー・ポイント内容。」

問4の正解の選択肢のつくり・形式

＝「～、（問2のキー・ポイント内容）、～問3のキー・ポイント内容、～問4のキー・ポイント内容。」

問5の正解の選択肢のつくり・形式

＝「～、（問2のキー・ポイント内容）、～（問3のキー・ポイント内容）、～問4のキー・ポイント内容、～問5のキー・ポイント内容。」

問6の正解の選択肢のつくり・形式（文章全体の内容問題の場合）

＝「～、（問2のキー・ポイント内容）、～（問3のキー・ポイント内容）、～（問4のキー・ポイント内容）、～問5のキー・ポイント内容、～（書きだしと）文章末のマクロ的キー・ポイント内容。」

＝「～問5のキー・ポイント内容、～文章末のマクロ的キー・ポイント内容。」

＝「～書き出しと文章末のマクロ的キー・ポイント内容。」

〈「評論文」の流れと正答の流れ《つくり》のイメージ〉

◎日本語の文章は上から下へ、右から左へと流れます。上の意味内容を受けて、下で最終的に意味内容が決定します。右の意味内容があってこそ、左の意味内容【ポイント】が成り立ちます。書き出しの意味内容の数値を1とすれば、そこから左に流れていくに従ってその数値がどんどん増えていくといった感です。しかもその意味内容は、その文章独特のものとなります。（独特な意味内容を記すには、一行でも抜け落ちれば、全体の意味が変わってしまいます。部分＝全体です。生きた文章に、読み飛ばしていい箇所など一つもありません。精読があってこそのスピードです。精読ができるようになれば、自ずとスピードはついてきます）。

文章の流れ

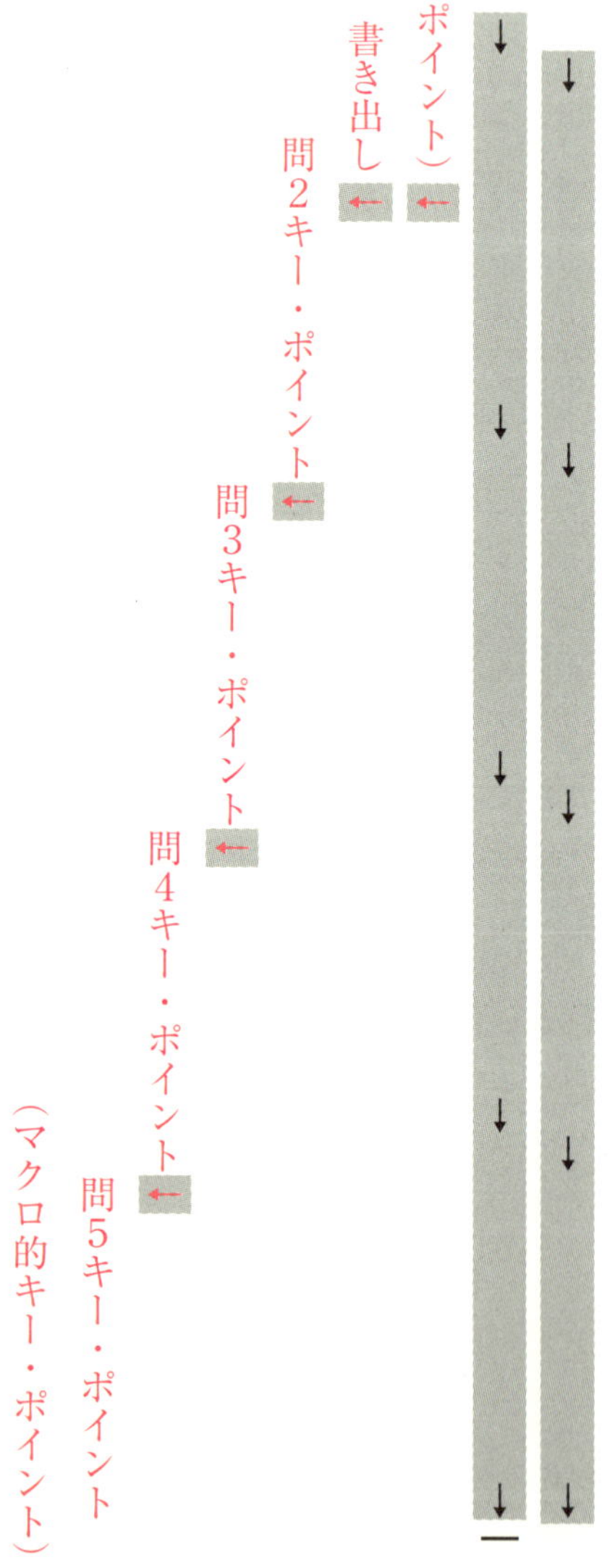

センター試験「評論」は、書き出しからのキー・ポイントがまず内容吟味の最初の設問（問2）となります。文章は、その内容を引き継いで、新たなキー・ポイントが記されます。その際、問3が作られます。そうして文章は、それまでの（問2、）問3のキー・ポイント内容を引き継ぎ、また新たなキー・ポイントが記されます。そこで問4が作られるわけです。文章のボリューム、その文章のポイントの数によって、問5の設問は、問4までと同じような形で作られることもあれば、文章全体のマクロ的ポイントの設問となることもあります。（起承転結の「転」の設問となることもあります）。また、問6が文章全体から二つの正答を選ばせる設問となっていた場合、その正答の一つを文章途中の具体例内容から導かせる、ということもあります。（↓ポイントと具体例は表裏一体。↓――線Cと――線Dの間隔がかなりある場合、このパターンとなります。このときは、具体例の箇所【――線Cと――線Dの間のミクロ的ポイント内容】に目立つチェックをいれておきましょう。【欄外に線を引っ張り出して、「問6？」などとメモしておくのです。】つまり問6解答の際、すばやくその箇所に戻れる態勢を整えておくのです）。

文章の記し方（形・形式）が、設問のつくりです。きちんとした文章はみな、書き出しから次々に、キー・ポイントをバトンタッチしながら、内容を掘り下げていきます。そのような整った形の文章をそれほど意識せずに書けるのがプロ中のプロであり、上手な書き手です。入試問題には整った形の文章しか使われません。

一文とは、句点（。）、感嘆符（！）、疑問符（？）までをいいます。この一文のみで意味が完成するには、最低限、主語と述語が必要です。つまりは、選択肢解答にしろ、記述解答にしろ、意味というものをなすには、主語と述語が必要なのです。これにより、イの一番のキーワードが主語になります。日本現代語の主述の組み立ての基本は三種類、何がどうする型（述語に動詞）・何がどんなだ型（述語に形容詞か、または形容動詞）・何が何だ型（述語は名詞＋【断定の】助動詞）です。

そこにまた新たな意味を付加するのが修飾語です。「を」・「に」・「で」などの形で、第二のキーとなるわけです。

※以上の内容は本書を繰り返し学習することによって、理解が深まります。
何度も何度も本書を読み返し、活用してください。

評論 第３問

次の文章を読んで、後の問い（問1〜6）に答えよ。

「人間は自然の中で一番弱い一本の葦《あし》にすぎない。しかしそれは考える葦である」——よく知られたパスカルの言葉である。

ところで、なぜ「葦」なのだろうか。葦の代わりにバラとかサボテンとかを置き換えることはできるだろうか。パスカルの文脈からいえば、形式上はできなくはないように思える。「人間は考えるサボテンである」と。しかし、何となくちぐはぐな感じが残るであろう。なぜだろうか。パスカルが「葦」に比喩《ひゆ》を求めたのは思いつきではなくて、何か理由があったのではないだろうか。

ときどきいわれるのは、彼が新約聖書の次の言葉を念頭においたという解釈である。すなわち、イエスが群集に向かって、「汝《なんじ》らは何を見ようとして野に出てきたのか。風に揺らぐ葦であるのか」と。イエスは、群集がバプテスマ（注）のヨハネを知らずに、ただ風に揺らぐ葦を見ていることをたしなめている。ここでいわれる葦は、野に生えているとるに足らぬもの、という意味である。そういう葦にくらべて、バプテスマのヨハネは、「女の産んだ者の中で彼よりも大きい人物は出てこなかった」とされる人物である。そういうヨハネは、風にそよぐ葦にくらべると、何と大きな存在であることか。しかしイエスは、「天国で最も小さい者も彼よりは大きい」とつけ加えた。そうだとすると、逆に、一本の葦はますます小さな、とるに足らない存在ということになる。そういうつまらない存在としての葦でさえ、もしそれが「考える葦」となるなら、それは宇宙よりも高貴である、とパスカルは言ったのだろうか。

パスカル自身は「自然の中で一番弱い葦」という言い方をしている。しかし、葦は本当に弱い植物だろうか。Aここに疑問ないしヒントがある。実際の葦はそんなに弱くはないのである。それは水辺に群生し、二メートルの高さに達し、強い繁殖力をもっているのである。

もう一度パスカルの言葉を見てみよう。フランス語の原文では、パスカルの言う「葦」には単数形の不定冠詞がついている。この不定冠詞をあえて訳してみるとどうなるだろうか。そうすると、「人間は一本の考える葦である」となる。群生する葦ではなくて、一本の葦——こうなると、少し事情が変わってくる。なぜなら、群生の場をはなれて一本だけで立つということは、まさに自然のうちで一番弱い存在になることだからである。人間でも、社会からアソ外されたときほど弱い者はない。

では、そういう弱い一本の葦と「考える」ということとは、どう結びつくのだろうか。私には、「一本の葦」が考えるのではなくて、B「考える葦」がそれぞれ一本の葦になる、というふうに思われる。どちらも似たような表現であるが、意味はちがう。一体、人が何かを考えるというとき、彼はどういう状態にあるだろうか。考えるということは、どこまでも自分一人にもどって、自分の内面で考えるということである。共同でディスカッションをしているときも、人から教えられて考えるときも、考えるという作業そのものは、自分で考える作業であり、自分一人になるという面をもっている。

考えるということは、一方で群生することを必要とする人間が、自分の内面にもどって、死すべき者としての絶対の有限性に直面することである。しかし他方でこの内面は、他の人間と共有する最も基本的で深い根にとどく。一本の葦は枝葉によって他と交わるときは、本当は交わっていないのである。むしろ孤独な一本の存在にもどることによって、一本の葦はかえってその根もとで他との共同存在の根ないし根拠を獲得する。そういう根拠として、人間の思惟《しい》は人間存在の本質をなすともいえる。

人間存在の本質を「思惟」に見るというパスカルの見方は、西洋哲学の中にあらわれる一つの典型的見解である。それだけに、このパスカルの「考える葦」はひとつの問いに転化することもある。すなわち、はたして人間本質は思惟にあるのか、と。人間は一本の考える葦という一面はもつとしても、それは一面であって根本ではない、という見方が出てきてもおかしくはない。そういう転化の可能性を念頭において、さらにこの比喩の含みを考えてみよう。

パスカルは、人間が「自然の中で一番弱い一本の葦」ではあっても、それは「考える葦」として、自分をおしつぶさんとする宇宙全体よりも高貴であると言う。そしてその理由として、「人間が死ぬことを知っている」という点を挙げた。宇宙は、その生成変化によって、一本の葦どころか、大陸や海洋や星そのものの存在をさえおしつぶすこともある。ただし宇宙はそれを知らない。人間だけがそのことを知り、且つ考える。「死ぬ」ということについて人間が自覚するということは、人間がただ一人という存在にもどることであり、同時にこの自覚を通して、他の死すべき存在と結びつくところである。そこから宗教や社会や歴史がはじまる。それが、パスカルの言う「思惟」あるいは考えるということの有り方に含まれる。その有り方をパスカルはこうも言っている。「宇宙は空間によって私を包み、一つの点としての私を呑《の》み込む。(しかし)思惟によって、私は宇宙を包む」。

思惟によって私は宇宙を包む。この表現がここで注目される。実は河辺の一本の葦も、見方によっては宇宙を包んでいるのである。一本の葦はその生え具合のうちに、土地の環キョウや季節や土壌の質などすべてを映し出す。この土地はまた、太陽との位置関係を、さらには地球の年齢を映している。一本の葦が特定の場所に育つということは、逆にいえば、それが自らの生存条件を選んで成育するということであるが、そのことは、一本の葦が生存の宇宙的諸条件のすべてを内に映し、包むということである。

包むの言語 comprendre は、「包む」という意味のほかに「理解する」という意味をももっている。言葉にはしばしばこのような絶妙の含蓄をもったものがある。comprendre もそういう例のひとつである。ある事柄を思惟によって理解するということは、この事柄を思惟によって包むということである。

一本の葦が全宇宙を包む（comprendre）とともに理解する（comprendre）――Dここに、「考える葦」のさらに巧みな比喩性がある。同時に、ここには、「考える」という働きについての重大な示ウサも与えられている。そもそも何かを考えるということは、ちょうど一本の葦が湿地に生えるのと同じく、小さな働きの中に自分の生きる社会や文化を映し、自分自身の性格や運命を映し、内と外との世界を映し、もしくは包んでいることだといえる。平均的にはたかだか七十年とか九十年とかの歳月しか存在しない、小さく弱いわれわれ人間が、考えるという働きのエショ産として、オボウ張してゆく大宇宙の果てを電波望遠鏡でとらえることもできる。またわれわれの内面に沈潜して、深く永遠に触れるということもできる。思惟を通して、われわれの存在は内面的にも外面的にも、われわれを超えた世界あるいは宇宙と通じる。われわれの思惟そのものが単なる個人的主観の意識作用ではなくて、この宇宙の働きのひとつの表現点であるともいえる。このとき思惟はその一々の働きにおいて宇宙を包んでいるともいえる。

（大橋良介「『考える葦』の場合」による）

(注) バプテスマのヨハネ――イエスに洗礼(バプテスマ)を施した預言者ヨハネのこと。

問1　傍線部ア～オの漢字と同じ漢字を含むものを、次の各群の①～⑤のうちから、それぞれ一つずつ選べ。

ア　ソ外

① 上司からウトまれる。
② 苦痛をウッタえる。
③ 徒党をクんで戦う。
④ 敵の前進をハバむ。
⑤ 国のイシズエを築く。

イ　環キョウ

① ことばのヒビきがよい。
② 新製品の開発をキソう。
③ 後ろ姿をカガミに映す。
④ 生死のサカイをさまよう。
⑤ 大きな音にオドロく。

ウ　示サ

① 模型をツクる。

② 犬をクサリにつなぐ。
③ 雲間から日がサす。
④ ヒダリの道を行く。
⑤ 人をソソノカす。

エ ショ産

① 長い手紙をカく。
② 今年の夏はアツい。
③ 明るいトコロに出る。
④ 堪忍袋のオが切れる。
⑤ その話はハツ耳だ。

オ ボウ張

① 綿から糸をツムぐ。
② つぼみがフクらむ。
③ 道のカタワラに咲く。
④ 進行をサマタげる。
⑤ 遠く富士山をノゾむ。

問2　傍線部A「ここに疑問ないしヒントがある」とあるが、パスカルの言う「弱い葦」と実際の葦との違いが、どうして「疑問ないしヒント」になるのか。その説明として最も適当なものを、次の①～⑤のうちから一つ選べ。

① 葦は、実際には必ずしも弱い植物ではないので、「弱い葦」と表現することによって、現実には存在しない特別な葦であることを示すから。

② 葦は、実際には必ずしも弱い植物ではないので、「弱い葦」という表現そのものに、葦は強いという反語的な意味が込められてくるから。

③ 葦は、実際には必ずしも弱い植物ではないので、「弱い葦」ということによって、「考える葦」を連想させることができるから。

④ 葦は、実際には必ずしも弱い植物ではないので、「弱い葦」と考えるためには、「一本の葦」という性格を考える必要が出てくるから。

⑤ 葦は、実際には必ずしも弱い植物ではないので、「弱い葦」という場合には、新約聖書の言葉に基づいていることがわかるから。

問3　傍線部B「『考える葦』がそれぞれ一本の葦になる」とあるが、それはどういうことか。その説明として最も適当なものを、次の①～⑤のうちから一つ選べ。

① 考えるという作業は自分の内面における作業であり、集団や共同体といったものから切り離された存在となることを自らに強いるようになるということ。

② 考えるという作業は自分がなにものであるかという問題意識を改めて持たせ、集団や共同体から離脱することによって生まれてくるものであるということ。

③ 考えるという作業は人間が弱い存在であることを自覚する作業であり、自分と集団や共同体との関《かか》わりを新たに問うことになるということ。

④ 考えるという作業は社会から切り離されて初めて成立するものであり、その考えるという作業に他の作業を排除してまでもこだわり続けるということ。

⑤ 考えるという作業は外からの啓発と内的な動機によって促されるものであり、その結果集団や共同体の場での自らの立場も明確にされていくということ。

問4 傍線部C「ただし宇宙はそれを知らない。人間だけがそのことを知り、且つ考える」とあるが、どうしてそのように言えるのか。その説明として最も適当なものを、次の①～⑤のうちから一つ選べ。

① 宇宙は空間として人間を呑み込むに過ぎないが、人間は一人になることで宇宙を包むことができるから。

② 宇宙は考えることをしないが、人間は考えることで自らの有限性に直面することになるから。

③ 宇宙は無限の空間として人間を一つの点に変えるが、人間の思惟も実は宇宙の表現であるから。

④ 宇宙は自らの生成変化で人間をおしつぶすが、人間は孤独になることで他の死すべき存在と結びつくから。

⑤ 宇宙は広がり続ける空間であるが、人間は考えることによってその果てをとらえることができるから。

問5 傍線部D「ここに、『考える葦』のさらに巧みな比喩性がある」とあるが、「考える葦」が「さらに巧みな比喩」になっていることの説明として最も適当なものを、次の①～⑤のうちから一つ選べ。

① 「考える葦」は強い葦と弱い人間との対比から人間が死すべきものであることを教え、また、包むことは理解することであるから、「考える葦」はさらに、人間の思惟が宇宙の一つの点としての表現であることを示している。

② 「考える葦」は思惟が本当に人間の本質であるのかという問いを導きだし、また、人間が「死ぬことを知っている」

ところから、「考える葦」はさらに、人間が宇宙全体よりも高貴であることを明らかにしている。

③　「考える葦」は思惟が宗教や社会や歴史の始まりであることを教え、また、考えることは一本の葦が湿地に生えるのと同じであるから、「考える葦」はさらに、考えることでただ一人に戻るという人間の本質を教えている。

④　「考える葦」は考えるという人間の本質を示し、また、一本の葦は生存の宇宙的諸条件を内に映すことで宇宙を包んでいるところから、「考える葦」はさらに、理解することで包むという考える作業の本質を示している。

⑤　「考える葦」は宇宙がその構成員を包んでいることを人間に教え、また、葦はその宇宙を内に映しているのであるから、「考える葦」はさらに、考えることによって宇宙を包むという思惟の本質を明らかにしている。

問6　本文の論旨に合致するものを、次の①～⑥のうちから二つ選べ。ただし、解答の順序は問わない。

①　パスカルが「葦」を人間の比喩としたのは、『新約聖書』の言葉として、バラとかサボテンに見られない「弱さ」のイメージがあったからである。しかし、バプテスマのヨハネという「大きな存在」と対比すると、その「弱い葦」は「考える葦」という宇宙よりも高貴な存在となることをパスカルは忘れてはいなかった。

②　パスカルは、水辺に群生し強い繁殖力を持っている葦を、「一番弱い一本の葦」ととらえて、そこに人間存在の本質を見いだした。それは、死の自覚を通して孤独な存在に戻ることによって、他の人間と共有する存在の根源にも深く根づくことができることを意味する。

③　西洋哲学では、群生する葦を「一本の葦」へ引き離すような思考法をとってきたが、パスカルは、その思考法を転化する問いかけをすることによって、「一本の葦」を包んでいるものを逆に包みかえすという発想をも持ち合わせていた。その点で、パスカルは西洋哲学に貢献した。

④　絶対有限の存在である人間が、あらゆる存在をおしつぶす力を持っている宇宙全体よりも高貴だと言われるのは、人間自らが、孤独であり有限であることを知らないからである。このような認識から宗教や社会や歴史が始まった

とパスカルは考えた。

⑤　パスカルが、「宇宙は空間によって私を包み、一つの点としての私を呑み込む」と「思惟によって、私は宇宙を包む」との間に「しかし」と挿入したのは、明らかに転化の論理を持ち込んだことを示している。このような、発想の多様性と独自性とにパスカルの哲学の偉大さがある。

⑥　パスカルによれば、「考える」ことによって理解することは、「考える」ことによって包むことであると言われているが、この含蓄のある言葉は、人間存在にはさらに永遠や宇宙をも包み込む働きがあることを明らかにした。つまり、人間は「考える」という作業によって自分自身を超えていくのである。

評論　第3問《解説・チェック《実践編》》

※問1の漢字問題のカタカナは、**〈解説・チェック〉**中では、漢字表記にしています。

◎ポイントが設問・答になる、という意識を持って読み始めましょう。

チェック〈そのⅠ〉　**問２（・問６）**

○絶対強調→設問（答）になる、と見ましょう。

「人間は自然の中で一番弱い一本の葦にすぎない。しかしそれは考える葦である」――よく知られた**パスカルの言葉**である。

○省略内容はキー・ポイントです。→設問（答）

○問題提起文はキー・ポイントを見せます。→「ところで、なぜ（**パスカルの言葉は**）「葦」なのだろうか」

ところで、なぜ「葦」なのだろうか。葦の代わりにバラとかサボテンとかを置き換えることはできるだろうか。パスカルの文脈からいえば、形式上はできなくはないように思える。「人間は考えるサボテンである」と（形式上はできなくはないように思える）。しかし、何となくちぐはぐな感じが残るであろう。なぜだろうか。パスカルが「葦」に比喩を求めたのは思いつきではなくて、何か理由があったのではないだろうか。

○「漠然としたもの」・「わからないもの」はポイント→設問（答）→書き出しのキー・ポイントですから、問2という意識と最終設問にもなる、という意識を併せて持ちましょう。

○以下、「パスカルが『葦』に比喩を求めた」「理由」（答）（＝【ポイント】）について考察されていきます。

ときどきいわれるのは、彼が「新約聖書の次の言葉を念頭においた」という解釈である。すなわち、イエスが群集に向かって、「汝らは『何を見よう』として野に出てきたのか。風に揺らぐ葦であるのか」と（いったところからの解釈である）。イエスは、群集がバプテスマのヨハネを知らずに、ただ風に揺らぐ葦を見ていることをたしなめている。ここでいわれる葦は、「野に生えているとるに足らぬもの」、という意味である。そういう葦にくらべて、バプテスマのヨハネは、「女の産んだ者の中で彼よりも大きい人物は出てこなかった」とされる人物である。そういうヨハネは、風にそよぐ葦にくらべると、何と大きな存在であることか。

○絶対強調→設問（答）

しかしイエスは、「天国で最も小さい者も彼よりは大きい」とつけ加えた。

○絶対強調→設問（答）

「そうだ」とすると、逆に、一本の葦はますます小さな、「とるに足らない存在」ということになる。「そういう『つまらない存在』としての葦でさえ、もしそれが「考える葦」となるなら、それは宇宙よりも高貴である、」とパスカルは言ったのだろうか。

条件――結果

○「か」（＝「疑問」）にも書き手の「考え」は含まれています。「答」を用意しての「問いかけ」だからです。
↓「パスカルが『葦』に比喩を求めた」「理由（答）」（＝【ポイント】）。
↓「『考える葦』となるなら、それは宇宙よりも高貴である、とパスカルは（考えた【から】）。

パスカル自身は「自然の中で一番弱い葦」という言い方をしている。

○「一番」＝絶対強調↓「弱い」を強調（↓設問【答】）　◎数詞は注意！

しかし、

○改めて問いが記されます（↓「『考える葦』となるなら、それは宇宙よりも高貴である、とパスカルは言ったのだろうか」という「考え」を起点としています。

葦は本当に（自然の中で一番）弱い植物だろうか。

○しかしながらこの「考え」（ポイント）の内容の文字が問２――線Ａにはありません。
↓この「考え」＝「『考える葦』となるなら、それは宇宙よりも高貴である」をマクロ的なポイントとして、読み進めましょう。↓問３・問４・最終部設問（答）への意識です。

A ここに疑問ないしヒントがある。実際の葦はそんなに弱くはないのである。それは水辺に群生し、二メートルの高さに達し、強い繁殖力をもっているのである。

「人間は自然の中で一番弱い一本の葦にすぎない。しかしそれは考える葦である」

もう一度**パスカルの言葉**を見てみよう。フランス語の原文では、パスカルの言う「葦」には単数形の不定冠詞がついている。この不定冠詞をあえて訳してみるとどうなるだろうか。

○主部→問2

○「指示語＋キー」→問2

そうすると、「人間は一本の考える葦である」となる。

→群生する葦ではなくて、一本の葦――

こうなると、少し事情が変わってくる。

なぜなら、

○限定強調→「一本」を強調→問2

「群生の場をはなれて一本だけで立つ」ということは

○絶対強調→「弱い」を強調→問2

まさに自然のうちで一番弱い存在になることだからである。

人間でも、社会から疎外されたときほど弱い者はない。

○「ほど」＝程度の強調 ——→（「社会から疎外されたとき」を強調
↓「弱い一本の葦」の説明↓問2）

○「指示語＋キー」（これまでのキーが「弱い一本の葦」であると教えてくれます）

○「弱い一本の葦」で問2の選択肢をチェックします。

問2
①〜「弱い葦」〜
②〜「弱い葦」〜
③〜「弱い葦」〜
④〜「弱い葦」〜「一本の葦」〜
⑤〜「弱い葦」〜

では、「そういう弱い一本の葦」と**「考える」**ということとは、どう結びつくのだろうか。

○問2のキー「弱い一本の葦」と**「考える」**が同じ位置に並んでいます。

◎本文の流れは設問の流れ（つながり）です。ポイントのつながり（結び目）に、問いと答（問2・問3）は示されます。（ここが問2から問3への結び目です）。

○書き出しのマクロ的ポイントは、「『**考える葦**』となるなら、それは宇宙よりも高貴である」でした。

○問3は**「考える」**という語がキーのはずです。問3傍線部を見てみましょう。

「私には、「一本の葦」が考えるのではなくて、B「考える葦」がそれぞれ一本の葦になる、というふうに思われる。」

○問3の選択肢はすべて、「考えるという作業は〜。」の書き方になっています。やはり「考える」という語が記されています。

チェック〈そのⅡ〉 問2

「パスカル自身は『自然の中で一番弱い葦』という言い方をしている。しかし、**葦は本当に弱い植物だろうか**。ここに疑問ないしヒントがある。」

○問2傍線部Aの「**ここ**」の「指し示す内容」は、直前の「**葦は本当に弱い植物だろうか**」です。パスカルの言葉「人間は自然の中で一番弱い一本の葦にすぎない。」という部分を取り上げているわけですが、問2傍線部Aの「**ここ**」の「指し示す内容」に、「一本」という語がありません。↓あるべき語がない↓省略されているのです（省略**【法】**は強調表現です）↓ポイントが問題となり答となります↓ポイントであるから、「一本」という語が省略されています。（省略は、以前にその語を書いていて、読み手にわかるから**【省略】**できます）。

○本文では、この後、「もう一度パスカルの言葉を見てみよう」として、あらためて問2のキー・ポイントである（「単数形の不定冠詞」を訳した）「一本」が記され、その説明がされていきます。

問２　傍線部Ａ「ここに疑問ないしヒントがある」とあるが、パスカルの言う「弱い葦」と実際の葦との違いが、どうして「疑問ないしヒント」になるのか。

○「弱い**一本**の葦」で、選択肢をチェックします。

① 葦は、実際には必ずしも弱い植物ではないので、「弱い葦」と表現することによって、現実には存在しない特別な葦であることを示すから。

② 葦は、実際には必ずしも弱い植物ではないので、「弱い葦」という表現そのものに、「葦は強い」という反語的な意味が込められてくるから。

③ 葦は、実際には必ずしも弱い植物ではないので、「弱い葦」ということによって、「考える葦」を連想させることができるから。

④ 葦は、実際には必ずしも弱い植物ではないので、「弱い葦」と考えるためには、「**一本**の葦」という性格を考える必要が出てくるから。

⑤ 葦は、実際には必ずしも弱い植物ではないので、「弱い葦」という場合には、新約聖書の言葉に基づいていることがわかるから。

○「弱い葦」はすべての選択肢に記されていますが、**「一本」**というキーのあるのは、選択肢④だけです。

○**「人間は自然の中で一番弱い一本の葦にすぎない。しかしそれは考える葦である」**。このパスカルの言葉から問2はつくられていました。↓問3以降も、この言葉から問題がつくられていくはず、と見ることができます。（バランスです。【このバランス感覚、バランスへの意識を持ちましょう】）。

④　葦は、実際には必ずしも弱い植物ではないので、「弱い葦」と考えるためには、**「一本の葦」**という性格を考える必要が出てくるから。

◎設問・解答は、本文のポイントを教えてくれるガイド！
◎問3は、問2のポイント内容を受けて存在します。

◎解答したら、次の設問を見てみましょう。

問3　傍線部B「『考える葦』がそれぞれ**一本の葦**になる」とあるが、それはどういうことか。

＝ポイントが順繰りに、バトンタッチされているのがわかります。

〈問2・解答〉④

チェック〈そのI〉 **問3**

私には、「「一本の葦」が考えるのではなくて、「考える葦」がそれぞれ一本の葦になる」、

＝

「私」・「思」＝筆者登場の形です。↓ポイントの書き方です。だから問3になっています。
◎ポイントが問題になるということを意識しながら読みましょう。
（これにより、先を予測しながら読み進めることができるようになります）。

という ふうに思われる。どちらも似たような表現であるが、意味はちがう。一体、「人が何かを考える」というとき、彼はどういう状態にあるだろうか。

○「どこまでも自分一人にもど」るが強い意識的行為として記されていますから、その結果としての、「自分の内面で考える」もまた同じく強い意識的行為となります。

○強い意識的行為

○順接「て」（因果関係）

「考える」ということは、「どこまでも自分一人にもどって、自分の内面で考える」ということである。

（たとえば）↑○「たとえば」をここに補えますから、前文がポイント（問3）の位置になります。

○「とき」＝具体例を書いていることを教えてくれる文字です。

共同でディスカッションをしているときも、人から教えられて考えるときも、

○ポイント
具体例
ポイントの形になっています。

◎省略は自分で補いましょう。
省略内容はポイント。（↓問3）

「考える」という作業そのものは、「自分で（内面で）考える作業であり、自分一人になる」という面をもっている。

チェック〈そのⅡ〉問3

「考える」ということは、

（強い意識的行為）

「どこまでも自分一人にもどって、

自分の内面で考える」ということである。

＝

「考える」という作業そのものは、

「自分（の内面）で考える作業であり、

自分一人になる」という面を持っている。

◎同じ位置に書かれた内容は根本の意を同じにします。

←

「どこまでも自分一人にもど」ることは、
「どこまでも自分の内面で考える」ことであり、
「どこまでも自分一人になる」ことで、「強い意識的行為」です。

←

「自分一人」
「自分の内面」

「どこまでも（自分一人にもどって）」という強い意識

○これら三つの頻出語句（キー・ポイント）で、問３の選択肢をチェックします。

問３　傍線部Ｂ「『考える葦』がそれぞれ一本の葦になる」とあるが、それはどういうことか。

①「考える」という作業は「自分の内面における作業であり、

自分一人になる
＝
人間

『集団や共同体といったものから切り離された存在』となることを

強い意識的行為
＝

自らに強いるようになる」ということ。

※以下、不適内容を赤で塗りつぶしましたが、一文の部分が駄目なら、当然のことながら全部駄目です。（部分は全部です）。しかしながら、不適な内容を消去する解答法だけでは、正答に必要なキーワードが記されているかどうかのチェックができません。あくまでも、まずは正答に必要な語のチェックをしてください。

② 考えるという作業は「自分がなにものであるかという問題意識を改めて持たせ、集団や共同体から離脱することによって生まれてくるものである」ということ。

③ 考えるという作業は人間が弱い存在であることを自覚する作業であり、自分と集団や共同体との関わりを新たに問うことになるということ。

④ 考えるという作業は社会から切り離されて初めて成立するものであり、その考えるという作業に他の作業を排除してまでもこだわり続けるということ。

⑤ 考えるという作業は外からの啓発と内的な動機によって促されるものであり、その結果集団や共同体の場での自らの立場も明確にされていくということ。

○問3の選択肢において、「自分一人」・「自分の内面」・「どこまでも（自分一人にもどって）」という強い意識、この三つのキー（意味内容）が揃っている選択肢は、①以外にありません。（語学は書きかえです）。

〈問3・解答〉①

チェック〈その1〉 問4（・問5）

◎一つの解答を終えたら、次の設問への意識を持ちましょう。その場のキー・ポイントが次の設問の答になる、というイメージです。設問同士の結びつきの確認、あるいは自分の考え違いにも逸早く気づけます。

○問３のポイントである**「考える」**が書かれますから、これより先に読み進めて問３を解答しても構いませんが、理想としては、「自分一人」・「自分の内面」・「『どこまでも（自分一人にもどって）』という強い意識」、これら三つのキーが出たこの直前で解答し、これより先の内容は、問３で選択肢①を選んで「やはり」よかったのだ、という確認をしながら読んでいきたいものです。

◎キーが出揃ったところが解答ポイントです。（三つのキーというのは必要十分なキーの数です）。

「考える」ということは、

一方で「群生することを必要」とする人間が、

自分の内面にもどって、「死すべき者」としての絶対の有限性に直面することである。

因果（前後の内容は表裏一体）

○具体例の「　」——ポイントは「絶対の有限性」

○絶対強調→問４

○「自分の内面」は問３のキーでした。その「自分の内面」（問３）と表裏の形で「絶対の有限性」が（ポイントの形で）記されています。→「問４のキー」になるということです。

○「絶対の有限性」で問４選択肢をチェック！

問４
①〜。
②〜「有限性」〜。
③〜。

④　～「死」～　。
⑤　～　。

しかし他方で

○逆接は、その前後でバランスをとります。

○絶対強調（＝「しかし他方で」の前でも、「絶対の有限性」とありました）。

○指示語＋キー（問3）

この内面は、他の人間と共有する最も基本的で深い根にとどく。

○「絶対の有限性に直面すること」とは、何について述べていたのかというと、「考えるということ（は）」です。（「考えるということは～絶対の有限性に直面することである。」）**「考える」**でも問4選択肢をチェックします。

（マクロ的ポイント＝「『考える葦』となるなら、それは宇宙よりも高貴である」）。

○「絶対の有限性」・**「考える」**で問4の選択肢をチェックしましょう。

①　～　。　②　**考える**～**考える**～有限性～。　③　～**考える**～。　④　～死～。　⑤　～**考える**～。

一本の葦は枝葉によって他と交わるときは、本当は交わっていないのである。

むしろ孤独な一本の存在にもどることによって、

一本の葦はかえってその根もとで他との共同存在の根ないし根拠を獲得する。

そういう「根拠」として、「人間の思惟は人間存在の本質をなす」ともいえる。

「考える」

「人間は自然の中で一番弱い一本の葦にすぎない。しかしそれは考える葦である」

「考える」

「人間存在の本質を「思惟」に見る」というパスカルの見方は、西洋哲学の中にあらわれる

一つの典型的見解である。

それだけに、

「人間は自然の中で一番弱い一本の葦にすぎない。しかしそれは考える葦である」

このパスカルの「考える葦」はひとつの問いに転化することもある。

◎ 起承転結の「転」

すなわち、

（書き出しのマクロ的ポイントはいつも忘れずに！　起承転結はマクロ的文章構成です）。

問２・問３　問４

「『考える葦』となるなら、それは宇宙よりも高貴である」

◎「問い」の裏返しは「答」です。
本文で「問い」が出たら、これを押さえ、設問と結びつけましょう。

主語
＝「考える」　←

「はたして人間本質は思惟にあるのか、」と。

○問4に、「考える」（＝「思惟」）というキーを持つ選択肢はありました（②③⑤）。
しかし問いかけの文の主語「人間本質」という言葉を記す選択肢は問4にありません。

←

○「人間本質」というキーは次の設問（問5）で問われる、と見ましょう。
◎イメージは臨機応変に！　設問・選択肢・──線は読解のガイド役！
問5　①～。②～人間の本質～。③～人間の本質～。④～人間の本質～。⑤～。

「パスカルの見方」＝「人間存在の本質を思惟に見る」
＝「人間の思惟は人間存在の本質をなす」

問2・問3

「本質」（↓問5）

『人間は一本の考える葦』という一面はもつ」としても、「それは一面であって根本ではない」、という見方が出てきてもおかしくはない。そういう転化の可能性を念頭において、さらに

「人間は自然の中で一番弱い一本の葦にすぎない。しかしそれは考える葦である」
この比喩の含みを考えてみよう。

パスカルは、「人間が「自然の中で一番弱い一本の葦」ではあっても、それは

◎設問はガイド役・問5――線Dを見てみましょう。

マクロ的ポイント内容

「『考える葦』となるなら、それは宇宙よりも高貴である」

＝　問5傍線部D「ここに『考える葦』のさらに巧みな比喩性がある」

「考える葦」として、「『自分をおしつぶさん』とする宇宙全体よりも高貴である」と言う。そして「その理由」として、「人間が死ぬことを知っている」という点を挙げた。宇宙は、その生成変化によって、一本の葦どころか、大陸や海洋や星そのものの存在をさえおしつぶすこともある。

問4

ただし宇宙はそれを知らない。C

○述部に同じ動詞を使い、同じ文体で書かれています。

宇宙はBをCない。

○限定強調

人間だけがそのことを知り、且つ考える。

問2・問3

人間だけがBをCする。

宇宙は（Bを）Cない

㋕が、

人間は（Bを）Cする。

○問4で、本文と同じ述語動詞を使い・同じ文体で書いているのは選択肢②のみです。

問4選択肢②　宇宙は考えることをしない

㋕が、

人間は考えることで

自らの有限性に直面することになるから。

◎本文と同じ意味（因果関係・表裏の意味）を選択肢の上で表すには、同じ語（同義語）を使い、同じ（ような）書き方をせざるを得ません。→ある意味内容を表すには、それに必要な語を使い、特定の書き方をせざるを得ないのです。

問4　傍線部C「ただし宇宙はそれを知らない。人間だけがそのことを知り、且つ考える」とあるが、どうしてそのように言えるのか。

※不適内容です。そもそも選択肢①には、「絶対の有限性」、「考える」という問４のキーが記されていません。

①　宇宙は「空間」として人間を呑み込むに過ぎないが、人間は一人になることで宇宙を包むことができるから。

②　宇宙は考えることをしないが、

思惟　　手段・方法（原因）

人間は考えることで

死を知る　　（結果）

自らの有限性に直面することになるから。

○同じ位置の語は根本の意を同じにします。「考える」＝「直面する」＝「知る」

○——線Cのポイント内容（キー）から、問４は解答しなければいけません。

◎——線のポイントは、マクロ的ポイント・文章の流れの中で存在しています。読解は流れです。そもそも読解は、流れを飛び越えたり、遡《さかのぼ》ったりするものではありません。右から左へという流れが、自然の流れです。この流れは、マクロ的ポイントを、順を追って説いていく流れです。（——線部の設問は、右から左に流れる文章の中にあります。——

線の設問は、その――線の箇所で訴えている内容・ポイントをおさえなければいけません）。
◎書かれている場所を無視して選択肢を選ぶのは、「流れ」を無視したやり方です。やめましょう。

③　宇宙は無限の空間として人間を一つの点に変えるが、人間の思惟も実は宇宙の表現であるから。

④　宇宙は自らの生成変化で人間をおしつぶすが、人間は孤独になることで他の死すべき存在と結びつくから。

⑤　宇宙は広がり続ける空間であるが、人間は考えることによってその果てをとらえることができるから。

〈問４・解答〉②

◎選択肢においての限定強調・絶対強調の省略

本文で限定強調・絶対強調の書き方がされていないのに、選択肢でその書き方をすることはできません。意味が変わってしまうからです。しかし、本文で限定強調・絶対強調の書き方がされている場合、選択肢でそれを省略することはできます。これは、限定強調・絶対強調の語を省略しても、本文と意味が変わるわけではないからです。
◎本文で絶対強調・限定強調の書き方がされていて、それを設問の選択肢で反映させるか、省略するかは、きちんと統一します。（反映させて選択肢にも記すならば、すべての設問において反映させます。省略するならば、すべての設問において省略します。ある設問で反映させておいて、別な設問では省略というようなことはしません）。この反映か、省略かによって設問の難易度が変わります。しかし、いずれにしても、本文の限定強調・絶対強調は特別な書き方であり、必ずポイント・設問となりますから、それらの表記があった場合は注意しましょう。

チェック〈そのⅠ〉問５

◎ポイントは次々にバトンタッチされて、話は展開していきます。→（各設問の）ポイントはバトンタッチ箇所で、まとまった形で示されます。それまでの設問のポイントを示して、その先のポイントへと論が進むのです。

○左記の箇所が問４から問５のポイントのバトンタッチ箇所、結び目です。これまでの問４のポイントが示され、次の問５の設問ポイントへと進むわけです。

問４②「有限性」　問３①「考えるという作業」

「死ぬ」ということについて人間が「自覚する」ということは、

○限定強調（問３①「集団や共同体といったものから切り離された存在となる」「『考える葦』がそれぞれ一本の葦になる」（問３傍線部B）

人間が「ただ一人」という存在にもどることであり、

同時に

この自覚を通して、「他の死すべき存在」と結びつくところである。

そこから宗教や社会や歴史がはじまる。

それが、パスカルの言う「思惟」

あるいは

「人間存在の本質を『思惟』に見るというパスカルの見方」

「人間の思惟は人間存在の本質をなす」

「『考える葦』がそれぞれ一本の葦になる」（問3）

「考える」ということの有り方に含まれる。

その有り方をパスカルは**こう**も言っている。

○**「パスカルの言葉」は、これまで設問になっていたのですから、以下も設問（答）になる、と見ます。**

「宇宙は空間によって私を包み、一つの点としての私を呑み込む。

（しかし）

思惟によって、私は宇宙を包む」。

（問3）「考える」ことによって、「ただ一人という存在に戻」った「私」

思惟によって**私**は**宇宙を包む**。この表現がここで注目される。

○「実は」＝内容説明の書き方。前にポイントを置きます。「思惟によって私は宇宙を包む。」がポイント！

実は

（問5→「思惟」・「考える」の語は、問5のすべての選択肢にあります）。

（「ただ一人」の）「私」と並んでいます。述部（修飾語含）内容が同じです（「宇宙を包む」）。

＝「も」（並列）

河辺の一本の葦も、見方によっては宇宙を包んでいるのである。

○ポイント内容の「包」と同じ位置に「映」です。

○絶対強調（→問5）

一本の葦はその生え具合のうちに、土地の環境や季節や土壌の質などすべてを映し出す。

この土地はまた、太陽との位置関係を、さらには地球の年齢を映している。

「一本の葦が特定の場所に育つ」ということは、逆にいえば、「それが自らの生存条件を選んで成育する」ということであるが、

○「包」と「映」が一緒に記されました（問5）

○絶対強調（→問5）

そのことは、「一本の葦が生存の宇宙的諸条件のすべてを内に映し、包む」ということである。

○「思惟によって私は宇宙を包む」と、「一本の葦が生存の宇宙的諸条件のすべてを内に映し、包む」は、同じ意味内容です。「私」と「一本の葦」は並列に置かれ、同じ書き方がされています。

○「一本の葦が生存の宇宙的諸条件のすべてを内に映し、包む」で、問5の選択肢をチェックします。

①　～包～。　②　～。　③　～一本の葦～。

④　～一本の葦は生存の宇宙的諸条件を内に映すことで宇宙を包んでいる～包～。

⑤　～映～包～。

○これから、問5が選択肢④に間違いないであろうことを確認しながら本文を読み進めていきます。（また問5選択肢④に、本文の意味内容理解を助けてもらうこともできます。先読みのメリットです。【もし、自分の選んだ答〔考え・読み方〕が誤っている場合は、これから先の本文が修正役となります】）。

チェック〈そのⅡ〉　問5（・問6）

包むの言語 comprendre は、「包む」という意味のほかに「理解する」という意味をもっている。

○絶対強調で強調されていた「包む」（問5）と並んで「理解する」が記されています。（→問5【・問6】）

言葉にはしばしばこのような絶妙の含蓄をもったものがある。comprendre もそういう例のひとつである。

「ある事柄を思惟によって理解する」ということは、

手段・方法（因果関係＝表裏一体）

「この事柄を思惟によって包む」ということである。

「理解する」＝「包む」（＝問5④）

○「思惟によって私は宇宙を『理解する』」ということは、「思惟によって私は宇宙を包む」ということになります。

↓

「理解することで包む」（＝問5選択肢④）　※「で」（手段方法）

問5選択肢④「考える葦」は考えるという人間の本質を示し、

また、一本の葦は生存の宇宙的諸条件を内に映すことで宇宙を包んでいるところから、

「考える葦」はさらに、「理解することで包む」という考える作業の本質を示している。

一本の葦が全宇宙を包む（comprendre）とともに理解する（comprendre）——

「人間は自然の中で一番弱い一本の葦にすぎない。しかしそれは考える葦である」

D ここに、「考える葦」のさらに巧みな比喩性がある。

同時に、ここには、「考える」という働きについての重大な示唆も与えられている。

「考えるという作業」（問3）

◎マクロ的ポイント＝「『考える葦』となるなら、それは宇宙よりも高貴である」

○「そもそも」＝「『考える葦』のさらに巧みな比喩性」と「考える」という働きの「重大な示唆」（問5④→問6）の説明がされていきます。

○「一本の葦は生存の宇宙的諸条件を内に映すことで宇宙を包んでいる」（問5選択肢④）

そもそも「何かを（人間が）考える」ということは、「ちょうど一本の葦が湿地に生えるのと

○問3①「考えるという作業は自分の内面における作業」

同じく、（「考える」という）小さな働きの中に自分の生きる社会や文化を映し、自分自身の

○「映」すことと「包」むことは同じ位置にあります。

性格や運命を映し、内と外との世界を映し、もしくは包んでいることだ」といえる。（可能）

平均的にはたかだか七十年とか九十年とかの歳月しか存在しない、小さく弱いわれわれ人間が、

「『考える』という（小さな）働きの所産」として、

○ポイント内容を深めていきます。（問5④→問6）

膨張してゆく大宇宙の果て○を電波望遠鏡でとらえることもできる。

（可能）

また「われわれの内面に沈潜して、深く永遠に触れる」ということもできる。

（可能）

（つまり）思惟を通して、われわれ（人間）の存在は内面的にも外面的にも、

（通じているのである）

「われわれ（人間）を超えた世界」あるいは「宇宙」と通じる。

われわれの思惟そのものが単なる個人的主観の意識作用ではなくて、

○ポイント内容を深めます。（問5④→問6）

（この宇宙の働きのひとつを映す）

（可能）

「この宇宙の働きのひとつの表現点である」ともいえる。

このとき「思惟はその一々の働きにおいて

宇宙を包んでいる」ともいえる。（可能）

◎必ず書き出しのポイントと合わせましょう。〈マクロ的ポイント〉↓問6

「『考える葦』となるなら、それは宇宙**よりも高貴である**」

＝

宇宙**を包んでいる**

○問5↓問6＝「包む」（・「映す」）・「理解する」↓書き出し（マクロ的ポイント）

「思惟によって私は宇宙を『**理解する**』ということは、

「思惟によって（私が）宇宙を**包む**」ことである

人間　←　比喩

「一本の葦が生存の宇宙的諸条件のすべてを内に映し、包む」

人間　＝　比喩

「『考える葦』がそれぞれ一本の葦になる」（問3【問2】）

＝　比喩

「人間存在の本質を思惟に見る」

「人間本質は思惟にある」

◎同じ位置の語は根本の意を同じにします。

◎「を」・「に」・「で」は、第二のキー（文節）を形づくります。

「思惟によって私は宇宙を『**理解する**』ということは、

「思惟によって（私が）宇宙を包む」ことである
＝比喩

「『考える葦』となるなら、それは宇宙よりも高貴である」（書き出し【マクロ的ポイント】）

◎いくつもの語が集まって一つの意味を形づくります。根本の意を同じくする語でなければ、一つのまとまった形（意味内容）はつくれません。（ゴジラにはゴジラ用の「パーツ」、「言葉」が、シンデレラにはシンデレラ用の「パーツ」、「言葉」があるのです。ゴジラにシンデレラの「言葉」は使えないのです）。

問５　傍線部Ｄ「ここに、『考える葦』のさらに巧みな比喩性がある」とあるが、「考える葦」が「さらに巧みな比喩」になっていることの説明として最も適当なものを、次の①～⑤のうちから一つ選べ。

○問５の選択肢を「包（む）」・「理解する」・「映（す）」でチェックします。不適内容を赤で塗りつぶしました。一語一語で文の成分、ひいては文は構成されていますから、一語が駄目なら、一文全部駄目になります。

①　「考える葦」は強い葦と弱い人間との対比から人間が死すべきものであることを教え、また、包むことは理解することであるから、「考える葦」はさらに、人間の思惟が宇宙の一つの点としての表現であることを示している。

②　「考える葦」は思惟が本当に人間の本質であるのかという問いを導きだし、また、人間が「死ぬことを知っている」ところから、「考える葦」はさらに、人間が宇宙全体よりも高貴であることを明らかにしている。

③「考える葦」は思惟が宗教や社会や歴史の始まりであることを教え、また、考えることは一本の葦が湿地に生えるのと同じであるから、「考える葦」はさらに、「考えることでただ一人に戻る」という人間の本質を教えている。

◎選択肢の内容に補える言葉は本文中に必ずあります。

④「考える葦」《人間》（という比喩）は「考える」という人間の（作業《働き》の）本質を示し、（問2・3・4）また、一本の葦は生存の宇宙的諸条件（のすべて）を内に映すことで宇宙を包んでいるところから、「考える葦」《人間》（という比喩）はさらに、「理解することで包む」という考える作業《働き》の本質を示している。

⑤「考える葦」は宇宙がその構成員を包んでいることを人間に教え、また、葦はその宇宙を内に映しているのであるから、「考える葦」はさらに、「考えることによって宇宙を包む」という

思惟の本質を明らかにしている。

〈問5・解答〉④

問6　本文の論旨に合致するものを、次の①～⑥のうちから二つ選べ。

◎文章全体の論旨・最終設問です。他の設問・答と結びつけて解答しましょう。論旨の設問が他の設問・答と結びつかないわけがありません。そして文章全体のポイントの設問ですから、マクロ的ポイント（書き出しと）最終部ポイント（問5）と直接結びつきます。（論旨で選択肢を二つ選ぶ場合、一つは書き出しからの設問【問2～問5】と結びつくもの、そしてもう一つはマクロ的最終部ポイント内容【問5】のイメージです）。

① パスカルが「葦」を「人間の比喩」としたのは、『新約聖書』の言葉として、バラとかサボテンに見られない「弱さ」のイメージがあったからである。しかし、「バプテスマのヨハネ」という「大きな存在」と対比すると、その「弱い葦」は「「考える葦」という宇宙よりも高貴な存在」となることをパスカルは忘れてはいなかった。

② パスカルは、水辺に群生し強い繁殖力を持っている葦を、「一番弱い一本の葦」（問2・問3）ととらえて、そこに人間存在（問5）の本質を見いだした。

（自分一人になる）

（集団や共同体といったものから切り離された存在となる）

問4　知る　（問2・問3）人間

それは、死の自覚を通して孤独な存在に戻ることによって、

問5

他の人間と共有する存在の根源にも深く根づくことができることを意味する。

「一番弱い一本の葦」

③　西洋哲学では、群生する葦を「一本の葦」へ引き離すような思考法をとってきたが、パスカルは、「その思考法を転化する問いかけをすることによって、「一本の葦」を包んでいるものを逆に包みかえす」という発想をも持ち合わせていた。その点で、パスカルは西洋哲学に貢献した。

④　絶対有限の存在である人間が、「あらゆる存在をおしつぶす力を持っている宇宙全体よりも高貴だ」と言われるのは、人間自らが、孤独であり有限であることを知らないからである。このような認識から宗教や社会や歴史が始まったとパスカルは考えた。

⑤　パスカルが、「宇宙は空間によって私を包み、『一つの点』としての私を呑み込む」と「思

惟によって、私は宇宙を包む」との間に「しかし」と挿入したのは、明らかに転化の論理を持ち込んだことを示している。このような、発想の多様性と独自性とにパスカルの哲学の偉大さがある。

○問5選択肢④「考える葦」は考えるという人間の本質を示し、また、一本の葦は生存の宇宙的諸条件を内に映すことで宇宙を包んでいるところから、「考える葦」はさらに、理解することで包むという考える作業の本質を示している」→
↓最終部ポイント内容↓（マクロ的ポイント内容）

⑥　パスカルによれば、

「思惟」

「「考える」ことによって理解することは、「考える」ことによって包むことである」と言われているが、この含蓄のある言葉は、

「『考える葦』となるなら、それは宇宙よりも高貴である」（マクロ的ポイント）

人間存在にはさらに永遠や宇宙をも包み込む働きがあることを明らかにした。

つまり、

人間は「考える」《「思惟」》という作業《働き》によって自分自身を超えていくのである。

〈問6・解答〉②・⑥

第3問解答

〈問1〉ア＝**疎**外　①**疎**まれる　②**訴**える　③**組**んで　④**阻**む　⑤**礎**

イ＝環**境**　①**響**き　②**競**う　③**鏡**　④**境**　⑤**驚**く

ウ＝示**唆**　①**作**る　②**鎖**　③**差**す　④**左**　⑤**唆**す

エ＝**所**産　①**書**く　②**暑**い　③**所**　④**緒**　⑤**初**耳

オ＝**膨**張　①**紡**ぐ　②**膨**らむ　③**傍**ら　④**妨**げる　⑤**望**む

ア……①　イ……④　ウ……⑤　エ……③　オ……②

※問1のア〜オの漢字問題のカタカナは、（解説・チェック）中では漢字表記にしています。

〈問2〉④　**〈問3〉**①　**〈問4〉**②　**〈問5〉**④　**〈問6〉**②・⑥

評論 第４問

次の文章を読んで、後の問い（問1～6）に答えよ。

わたしは思い出す。しばらく前に訪れた高齢者用のグループホーム（注1）のことを。住むひとのいなくなった木造の民家をほとんど改修もせずに使うデイ・サーヴィス（注2）の施設だった。もちろん「バリアフリー」からはほど遠い。玄関の前には石段があり、玄関の戸を引くと、玄関間がある。靴を脱いで、よいしょと家に上がると、こんどは襖《ふすま》。それを開けてみなが集《つど》っている居間に入る。軽い「認知症」を患っているその女性は、お菓子を前におしゃべりに興じている老人たちの輪にすぐには入れず、呆然《ぼうぜん》と立ちつくす。が、なんとなくいたたまれず腰を折ってしゃがみかける。とっさに「どうぞ」と、いざり（注3）ながら、じぶんが使っていた座布団を差しだす手が伸びる。「おかまいなく」と座布団を押し戻し、「何言うて（注4）おすな。遠慮せんといっしょにお座りやす」とふたたび座布団が押し戻される……。

和室の居間で立ったままでいることは「不自然」である。「不自然」であるのは、いうまでもなく、人体にとってではない。居間という空間においてである。居間という空間がもとめるキョソ（ア）の「風」に、立ったままでいることは合わない。高みから他のひとたちを見下ろすことは「風」に反する。だから、いたたまれなくなって、腰を下ろす。これはからだで憶《おぼ》えているふるまいである。からだはひとりでにそんなふうに動いてしまう。

A からだが家のなかにあるというのはそういうことだ。からだの動きが、空間との関係で、ということは同じくそこにいる他のひとびととの関係で、ある形に整えられているということだ。

「バリアフリー」に作られた空間ではそうはいかない。人体の運動に合わせたこの抽象的な空間では、からだは空間の内部にありながらその空間の〈外〉にある。からだはその空間にまだ住み込んでいない。そしてそこになじみ、そこに住みつくというのは、これまでからだが憶えてきたキョソを忘れ去るということだ。だだっぴろい空間にあって立ちつくしていても「不自然」でないような感覚がからだを侵蝕《しんしょく》してゆくということだ。単独の人体がただ物理的に空間の内部にあるということがまるで自明であるかのように。こうして、さまざまなふるまいをまとめあげた「暮らし」というものが、人体から脱落してゆく。

心ある介護スタッフは、入所者がこれまでの「暮らし」のなかで使いなれた茶碗《ちゃわん》や箸《はし》を施設にもってくるよう「指導」する。洗う側からすれば、割れやすい陶器製の茶碗より施設が供するプラスチックのコップのほうがいいに決まっているが、それでも使いなれた茶碗を奨《すす》める。割れやすいからていねいに持つ、つまり、身体のふるまいに気をやる機会を増すことで(注5)「痴呆《ちほう》」の進行を抑えるということももちろんあろう。が、それ以上に、身体を孤立させないという配慮がそこにはある。

停電のときでも身の回りのほとんどの物に手を届けることができるように、からだは物に身をもたせかけている。からだは物の場所にまでいつも出かけていっている。物との関係が切断されれば、身は宙に浮いてしまう。新しい空間で高齢者が転びやすいのは、比喩《ひゆ》ではなく、まさに身が宙に浮いてしまうからである。まわりの空間への手がかりが奪われているからである。「バリアフリー」で楽だとおもうのは、あくまで介護する側の視点である。まわりの空間への手がかりがあって、他の身体——それは、たえず動く不安定なものだ——との丁々発止のやりとりもはじめて可能になる。とすれば、人体の運動に対応づけられた空間では、他のひととの関係もぎくしゃくしてくることになる。あるいは、物とのより滑らかな関係に意を配るがために、他者に関心を寄せる余裕もなくなってくる。そう、たがいに「見られ、聴かれる」という関係がこれまで以上に成り立ちにくくなる。空間が、いってみれば、「中身」を失う……。

「中身」？

この言葉をいきいきと用いた建築論がある。青木淳《じゅん》（注6）の『原っぱと遊園地』（王国社、二〇〇四年）だ。青木によれば、「遊園地」が「あらかじめそこで行われることがわかっている建築」だとすれば、「原っぱ」とは、そこでおこなわれることが空間の「中身」を創《つく》ってゆく場所のことだ。原っぱでは、子どもたちはとにもかくにもそこへ行って、それから何をして遊ぶか決める。そこでは、たまたま居合わせた子どもたちの行為の糸がたがいに絡まりあい、縒《よ》りあわされるなかで、空間の「中身」が形をもちはじめる。その絡まりや縒りあわせをデザインするのが、巧《うま》い遊び手のわざだということであろう。

青木はこの「原っぱ」と「遊園地」を、二つの対立する建築理念の比喩として用いている。そして前者の建築理念、つまりは、特定の行為のための空間を作るのではなく、行為と行為をつなぐものそれ自体をデザインするような建築を志す。「空間がそこで行われるだろうことに対して先回りしてしまってはいけない」というわけだ。

では、造作はすくないほうがいいのか。ホワイトキューブ（注7）のようなまったく無規定のただのハコが理想的だということになるのだろうか。ちがう、と青木はいう。

まったくの無個性の抽象空間のなかで、理論的にはそこでなんでもできるということではない。たとえば、工場をアトリエやギャラリーに改装した空間が好まれるのは、それが特性のない空間だからではない。工場の空間はむしろ逆に、きわめて明確な特性を持っている。工場には、様々な機械の自由な設置を可能にするために、できる限り無柱の大きな容積を持った空間が求められる。そこでの作業を考え、部屋の隅々まで光が均等に行き渡るように、天井にはそのためにもっとも適切な採光窓がとられる。その目標から逸脱する部位での建設コストは切り詰められる。工場はこうした論理を徹底することでつくられてきた。この結果として、工場は工場ならではの空間の質を持つに至る。工場は、無限定の空間と均一な光で満たされるということと引き替えに、一般的な意味での居心地の良さを捨てるという、明確な特性を持った空間なのである。工場は、単に、空間と光の均質を実現した抽象的な空間なのではない。工場は、そこでの作業を妨害しない範囲で、柱や梁《はり》のトラス（注8）が露出されている、きわめて物質的で具体的な空間なのである。

このような空間に「自由」を感じるのは、そこではその空間の「使用規則」やそこでの「行動基準」がキャンセルされているからだ。「使用規則」をキャンセルされた物質のカタマリイが別の行為への手がかりとして再生するからだ。原っぱもおなじだ。そこは雑草の生えたでこぼこのあるサラチウであり、来るべき自由な行為のために整地されキューブとしてデザインされた空間なのではない。そこにはいろんな手がかりがある。

木造家屋を再利用したグループホームは、逆に空間の「使用規則」やそこでの「行動基準」がキャンセルされていない。その意味では「自由」は限定されているようにみえるが、そこで開始されようとしているのは別の「暮らし」である。からだと物や空間とのたがいに浸透しあう関係のなかで、別のひととの別の暮らしへと空間自体が編みなおされようとしている。その手がかりのジュウマンエする空間だ。青木はいう。「文化というのは、すでにそこにあるモノと人の関係が、それをとりあえずは結びつけていた機能以上に成熟し、今度はその関係から新たな機能を探る段階のことではないか」、と。そのかぎりでC高齢者たちが住みつこうとしているこの空間には「文化」がある。

住宅は「暮らし」の空間である。「暮らし」の空間が他の目的を明確にもった空間と異なるのは、そこでは複数の異なる行為がいわば同時並行でおこなわれることにある。何かを見つめながらまったく別の物思いにふけっている。食事をしながら、おしゃべりに興ずる。食器を洗いながら、子どもたちと打ち合わせをする。電話で話しながら、部屋を片づける。ラジオを聴きながら、オカケイボをつける……。食事、労働、休息、調理、育児、しつけ、介護、習い事、寄りあいと、暮らしのいろいろな象面（注9）がたがいに被《かぶ》さりあっている。これが住宅という空間を濃くしている。（犬なら、餌《えさ》を食いながら人の顔を眺めるということができない？　排尿しながら、他の犬の様子をうかがうということができない？）

住宅は、いつのまにか目的によって仕切られてしまった。リヴィングルーム、ベッドルーム、仕事部屋、子ども部屋、ダイニングルーム、キッチン、バスルーム、ベランダ……。生活空間が、さまざまの施設やゾーニング（注10）によって都市空間が切り分けられるのとおなじように、用途別に切り分けられるようになった。当然、ふるまいも切り分けられる。襖を腰を下ろして開けるというふうに、ふるまいを鎮め、それにたしかな形をあたえるのが住宅であったように、歩きながら食べ、ついでにコンピュータのチェックをするというふうに、（注意されながらも）その形をはみだすほどに多型的に動き回らせるのも住宅である。D行為と行為をつなぐこの空間の密度を下げているのが、現在の住宅である。かつての木造家屋には、いろんなことがそこでできるという、空間のその可塑性によって、からだを眠らせないという知恵が、ひそやかに挿し込まれていた。

木造家屋を再利用したグループホームは、たぶん、そういう知恵をひきつごうとしている。

（鷲《わし》田《だ》清一《きよかず》「身ぶりの消失」による）

（注）
1　グループホーム――高齢者などが自立して地域社会で生活するための共同住居。
2　デイ・サーヴィス――高齢者などのため、入浴、食事、日常動作訓練などを日帰りで行う福祉サービス。
3　いざりながら――座った状態で体の位置をずらしながら。
4　「何言うておすな」・「お座りやす」――それぞれ「何をおっしゃっているんですか」・「お座りなさいませ」の意。
5　「痴呆」――認知症への理解が深まる前に使われていた言葉。
6　青木淳――建築家（一九五六～　）。
7　ホワイトキューブ――美術作品の展示などに使う、白い壁面で囲まれた空間。
8　トラス――三角形を組み合わせた構造。
9　象面――ここでは暮らしのなかの場面のこと。
10　ゾーニング――建築などの設計において、用途などの性質によって空間を区分・区画すること。

問1　**傍線部ア～オの漢字と同じ漢字を含むものを、次の各群の①～⑤のうちから、それぞれ一つずつ選べ。**

ア　キョソ

①　教科書にジュンキョする
②　キョシュウを明らかにする
③　トッキョを申請する
④　キョジツが入り混じる

⑤ ボウキョに出る

イ　カタマリ

① 疑問がヒョウカイする

② キカイな現象

③ カイモク見当がつかない

④ ダンカイの世代

⑤ カイコ趣味にひたる

ウ　サラチ

① セイコウウドクの生活

② 大臣をコウテツする

③ コウキュウテキな対策

④ 技術者をコウグウする

⑤ キョウコウに主張する

エ　ジュウマン

① ジュウコウを向ける

② ジュウナンに対応する

③ 他人にツイジュウする

④ 施設をカクジュウする
⑤ ジュウオウに活躍する

オ　カケイボ
① ゲンボと照合する
② 世界的なキボ
③ 亡母をシボする
④ 懸賞にオウボする
⑤ ボヒメイを読む

問2　傍線部A「からだが家のなかにあるというのはそういうことだ」とあるが、それはどういうことか。その説明として最も適当なものを、次の①〜⑤のうちから一つ選べ。

① 身体との関係が安定した空間では人間の身体が孤立することはないが、他のひとびとと暮らすなかで自然と身に付いた習慣によって、身体が侵蝕されているということ。
② 暮らしの空間でさまざまな記憶を蓄積してきた身体は、不自然な姿勢をたちまち正してしまうように、人間の身体はそれぞれの空間で経験してきた規律に完全に支配されているということ。
③ 生活空間のなかで身に付いた感覚によって身体が規定されてしまうのではなく、経験してきた動作の記憶を忘れ去ることで、人間の身体は新しい空間に適応し続けているということ。
④ バリアフリーに作られた空間では身体が空間から疎外されてしまうが、具体的な生活経験を伴う空間では、人間の身体は空間と調和していくことができるのでふるまいを自発的に選択できているということ。

⑤ ただ物理的に空間の内部に身体が存在するのではなく、人間の身体が空間やその空間にいるひとびとと互いに関係しながら、みずからの身体の記憶に促されることでふるまいを決定しているということ。

問３　傍線部Ｂ「空間がそこで行われるだろうことに対して先回りしてしまってはいけない」とあるが、それはなぜか。その説明として最も適当なものを、次の①～⑤のうちから一つ選べ。

① 原っぱのように、遊びの手がかりがきわめて少ない空間では、行為の内容や方法が限定されやすく空間の用途が特化される傾向を持ってしまうから。

② 原っぱのように、使用規則や行動基準が規定されていない空間では、多様で自由な行為が保証されているためにかえってその空間の利用法を見失わせてしまうから。

③ 遊園地のように、明確に定められた規則に従うことが自明とされた空間では、行為が事前に制限されるので空間を共有するひとびとの主体性が損なわれてしまうから。

④ 遊園地のように、その場所で行われる行為を想定して設計された空間では、行為相互の偶発的な関係から空間の予想外の使い方が生み出されにくくなるから。

⑤ 遊園地のように、特定の遊び方に合わせて計画的にデザインされた空間では、空間の用途や行為の手順が誰《だれ》にでも容易に推測できて興味をそいでしまうから。

問４　傍線部Ｃ「高齢者たちが住みつこうとしているこの空間には『文化』がある」とあるが、それはどういうことか。その説明として最も適当なものを、次の①～⑤のうちから一つ選べ。

① 木造家屋を再利用したグループホームという空間では、人のふるまいが制約されているということとひきかえに、伝統的な暮らしを取り戻す可能性があるということ。

② 木造家屋を再利用したグループホームという空間では、多くの入居者の便宜をはかるために設備が整えられているので、暮らすための手がかりが豊富にあり、快適な生活が約束されているということ。

③ 木造家屋を再利用したグループホームという空間では、そこで暮らす者にとって、身に付いたふるまいを残しつつ、他者との出会いに触発されて新たな暮らしを築くことができるということ。

④ 木造家屋を再利用したグループホームという空間では、空間としての自由度がきわめて高く、ひとびとがそれぞれ身に付けてきた暮らしの知恵を生かすように暮らすことができること。

⑤ 木造家屋を再利用したグループホームという空間では、さまざまな生活歴を持ったひとびとの行動基準の多様性に対応が可能なため、個々の趣味に合った生活を送ることができるということ。

問5 **傍線部D「行為と行為をつなぐこの空間の密度を下げているのが、現在の住宅である」とあるが、それはどういうことか。その説明として最も適当なものを、次の①～⑤のうちから一つ選べ。**

① 現在の住宅では、仕事部屋や子ども部屋など目的ごとに空間が切り分けられており、それぞれの用途とはかかわらない複数の異なる行為を同時に行ったり、他者との関係を作り出したりするような可能性が低下してしまっていること。

② 現在の住宅では、ゾーニングが普及することでそれぞれの空間の独立性が高められており、家族であってもそれぞれが自室で過ごす時間が増えることで、人と人とが触れあい、関係を深めていくことが少なくなってしまっていること。

③ 現在の住宅では、空間の慣習的な使用規則に縛られない設計がなされており、居住者たちがそのときその場で思いついたことを実現できるように、各自がそれぞれの行為を同時に行えるようになっていること。

④　木造家屋などかつての居住空間では、居間や台所など空間ごとの特性が際立っていたが、現代の住宅では、居住者が部屋の用途を交換でき、空間それぞれの特性がなくなってきていること。

⑤　木造家屋などかつての居住空間では、人体の運動と連動して空間が作り変えられるような特性があったが、空間ごとの役割を明確にした現在の住宅では、予想外の行為によって空間の用途を多様にすることが困難になっていること。

問6　この文章の表現について、次のⅰ・ⅱの各問いに答えよ。

ⅰ　波線部Xの表現効果を説明するものとして最も適当なものを、次の①～④のうちから一つ選べ。

①　議論を中断し問題点を整理して、新たな仮説を立てようとしていることを読者に気づかせる効果がある。

②　これまでの論を修正する契機を与えて、新たに論を展開しようとしていることを読者に気づかせる効果がある。

③　行き詰まった議論を打開するために話題を転換して、新たな局面に読者を誘導する効果がある。

④　あえて疑問を装うことで立ち止まり、さらに内容を深める新たな展開に読者を誘導する効果がある。

ⅱ　筆者は論を進める上で青木淳の建築論をどのように用いているか。その説明として最も適当なものを、次の①～④のうちから一つ選べ。

①　筆者は青木の建築論に異を唱えながら、一見すると関連のなさそうな複数の空間を結びつけ、「暮らし」の空間として木造家屋を再利用したグループホームに関する主張を展開している。

②　筆者は青木の建築論の背景にある考え方を例に用いて、それぞれの作業ごとに切り分けられた現代の「暮らし」の空間を批判し、木造家屋を再利用したグループホームの有用性を説く主張を補強している。

③ 筆者は青木の建築論を援用しながら、空間の編みなおしという知見を提示することで、「暮らし」の空間として木造家屋を再利用したグループホームに価値を見いだす主張に説得力を与えている。

④ 筆者は青木の建築論を批判的に検証したうえで、現代の「暮らし」の空間と工場における空間とを比較し、木造家屋を再利用したグループホームに自由な空間の良さがあると主張している。

評論　第4問〈解説・チェック《実践編》〉

※問1の漢字問題のカタカナは、〈解説・チェック〉中では、漢字表記にしています。

チェック〈そのI〉　問2（・問6）

わたしは思い出す。しばらく前に訪れた高齢者用のグループホーム（注1）のことを（思い出す）。

○倒置法（「思い出す」を強調→思い出す内容を強調）。

→「しばらく前に訪れた高齢者用のグループホームのこと」→問2

○問2の設問文に「高齢者用のグループホーム」の文字はありません。

○問2選択肢にも、「高齢者用のグループホーム」と記した選択肢は一つもありません。

→「高齢者用のグループホーム」と結びつくキー・ポイントの語が記されているはず、とイメージします。

→書き出しと結びのバランスのイメージから、問5、問6、という意識も併せ持ちましょう。必ずその場のキー・ポイントは設問・答になります。

◎省略は自分で補いましょう。→問2・問5・問6

←○「指示語＋キー」・「主部」の形で補えます。→前文と同じキー・ポイント、ということです。

←○「高齢者用のグループホーム」についての（具体的な）説明が始まります。

（その高齢者用のグループホームは、）住むひとのいなくなった木造の民家をほとんど改修もせずに使うデイ（注2）・サーヴィスの施設だった。（その高齢者用のグループホームは）もちろん「バリアフリー」

「は」＝強調の副助詞

「ほど」＝程度の強調

○強調表現は設問になります。→「高齢者用のグループホーム」が、「木造の民家をほとんど改修もしていない」「施設」であること。→問2・問6

からはほど遠い。（その「高齢者用のグループホーム」の）玄関の前には石段があり、玄関の戸を引くと、玄関間がある。靴を脱いで、よいしょと家に上がると、こんどは襖《ふすま》。それを開けてみなが集《つど》っている居間に入る。軽い「認知症」を患っている（「高齢者用のグループホーム」の）その女性《じょせい》は、お菓子を前におしゃべりに興じている老人たちの輪にすぐには入れず、呆然《ぼうぜん》と立ちつくす。が、なんとなくいたたまれず腰を折ってしゃがみかける。

○「高齢者用のグループホーム」の居住空間・「高齢者用のグループホーム」の「人間」について、記しています。
→問2選択肢のすべてに「空間」と「人間」があります。

○省略されているキー「高齢者用のグループホーム」と「その女性」が結びつき、ミクロ的キーになったのがわかります。

○逆接の接続詞「が」を挟んで「高齢者用のグループホーム」の「女性」の動作が対照的に記されています。（この「が」は、文頭ですから、「接続詞」です。「（接続）助詞」ではありません）。

（すると）

とっさに「どうぞ」と、いざり（注3）ながら、じぶんが使っていた座布団を差し出す（【他】人の）手が伸びる。「おかまいなく」と（「その女性」が）座布団を押し戻し、「何言う（注4）ておすな。遠慮せんといっしょにお座りやす」とふたたび（【他人】の手により）座布団が押し戻される……。

○「その女性」と「（他人の）手」が同じ位置になります。

○「高齢者用のグループホーム」の「和室」の「居間」です。

○「高齢者用のグループホーム」（「施設」）の「（その）女性」の「動作」です。

和室の居間で立ったままでいることは「不自然」である。「不自然」であるのは、いうまでもなく、人体にとってではない。「居間」という空間においてである。

○「A」というB ＝ Bがポイント・Aが具体例の位置

＝ ポイント ＝ 「空間」 → 問2

○「空間」というキーは、問2の選択肢すべてにあります。

○擬人法で「居間という空間」を強調↓問2

動作主

主語

「立ち居ふるまい」

「居間」という空間がもとめる挙措の「風」に、立ったままでいることは合わない。

「不自然」

他人

高みから他のひとたちを見下ろすことは（「居間という空間がもとめる挙措の」）「風」に反する。

「不自然」

だから、

（ひとは【「その女性は」】）いたたまれなくなって、（「居間という空間」に）腰を下ろす。

○「こ」で始まる指示語ですから、前に具体例内容、後にポイント、まとめ、という形をとります。

ポイント（位置）内容は、「からだで憶えているふるまい」です。↓問2

身体

動作・動き

これはからだで憶えている（「居間という空間」での）ふるまいである。

問2

① 身体～身体～、～身体～。

② ～記憶を蓄積してきた身体は、～、身体～。

③ × ～身体～、動作の記憶を忘れ去ることで、～身体～。

④ ×〜身体〜、〜、身体〜ふるまいを自発的に選択できている〜。

⑤ 〜身体〜、〜身体〜みずからの身体の記憶〜ふるまい〜。

「風」

「空間がもとめる挙措の『風』」

自然に

からだはひとりでにそんなふうに（「空間」で）動いてしまう。

A「からだが家のなかにある」というのはそういうことだ。

（つまり）

身体

「からだの動きが、『空間』との関係で」、ということは

問2

① 〜〜。

② 〜〜。

③ 〜〜。

④ 〜〜。

⑤ 〜その空間にいるひとびとと互いに関係し〜。

「（同じく）そこの空間（にいる他のひとびととの関係で）」

→

「自然な『風』」（に）

○「指示語＋キー」→問2

「自然な『形』」（に）

「同じくそこにいる他のひとびととの関係で、ある形に整えられている」ということだ。

問2 **傍線部A「からだが家のなかにあるというのはそういうことだ」とあるが、それはどういうことか。**

○不適内容です。必要なキーワードの位置にも注意しましょう。

① 身体との関係が安定した空間では人間の身体が孤立することはないが、他のひとびとと暮らすなかで自然と身に付いた習慣によって、身体が侵蝕されているということ。

② 暮らしの空間でさまざまな記憶を蓄積してきた身体は、不自然な姿勢をたちまち正してしまうように、人間の身体はそれぞれの空間で経験してきた規律に完全に支配されているということ。

③ 生活空間のなかで身に付いた感覚によって身体が規定されてしまうのではなく、経験してきた動作の記憶を忘れ去ることで、人間の身体は新しい空間に適応し続けているということ。

④ バリアフリーに作られた空間では身体が空間から疎外されてしまうが、具体的な生活経験を伴う空間では、人間の身体は空間と調和していくことができるのでふるまいを自発的に選択できているということ。

A「からだが家のなかにある」

○本文のひらがな書きを漢字にしています。
（ひらがな表記には強調効果があります）。

⑤　ただ物理的に空間の内部に身体が存在するのではなく、

（「軽い認知症を患っているその女性」）（居間に集まっているみな）

同じ空間にいる他のひとびととの関係

人間の身体が空間やその空間にいるひとびとと互いに関係し

他人
人々
相互関係
◎漢字・熟語にすると、意味が見えます。

ながら

立ち居ふるまい
「風」（「空間が求める挙措の『風』」）
「動」き

「からだで憶えている」
「ふるまい」

みずからの身体の記憶に促されることでふるまいを決定しているということ。

〈問２・解答〉⑤

チェック〈そのⅠ〉 問3・問4

○「高齢者用のグループホーム」の「空間」（マクロ的ポイント）と対極（→ポイントに対して、具体例の位置になります）。

問2——線A

「バリアフリー」に作られた空間ではそうはいかない。人体の運動に合わせたこの抽象的な空間では、

○——線Aに対しての内容です。

からだは空間の内部にありながらその空間の〈外〉にある。からだはその空間にまだ住み込んでいない。そして「そこになじみ、そこに住みつく」というのは、「これまでからだが憶えてきた挙措を忘れ去る」ということだ。「だだっぴろい空間にあって立ちつくしていても「不自然」でないような感覚がからだを侵蝕《しんしょく》してゆく」ということだ。

○「高齢者用のグループホーム」「空間」の説明のために、「バリアフリー」「空間」の説明がされています。

○問2選択肢⑤「ただ物理的に空間の内部に身体が存在するのではなく」

○——線Aに対しての内容です。

「単独の人体がただ物理的に空間の内部にある」ということがまるで自明であるかのように。

○「こ」で始まる指示語（下に【上記の説明の】まとめ・ポイント）。

（身体）

「風」

生活＝生きる・活きる

からだ

こうして、さまざまなふるまいをまとめあげた「暮らし」というものが、人体から脱落してゆく。

（問2）

○「ふるまい」、「人体（身体）」は問2ポイント内容（問2選択肢⑤）に記されていました。

問2ポイント内容（問2選択肢⑤）で記されていなかったここでの重要キーに注意しましょう。

（たとえば）

「暮らし」

具体例

○問3の設問・選択肢に「暮らし」の文字はありません。

問4

◎先読み・イメージは臨機応変に！

○問3の前に「起承転結」の「転」がある、ということです。

（居住）空間の中（空間やその空間にいる人々と互いに関係）問2⑤

例

具体的人物

＝中

ある介護スタッフは、入所者がこれまでの「暮らし」のなかで使いなれた茶碗《ちゃわん》や箸《はし》を施設にもってくるよう「指導」する。洗う側からすれば、割れやすい陶器製の茶碗より施設が供するプラスチックのコップのほうがいいに決まっているが、それでも（「暮らし」のなかで）使いなれた茶碗を奨める。

割れやすいからていねいに持つ、

つまり、

「身体のふるまいに気をやる機会を増すことで「痴呆」（注5）の進行を抑える」ということももちろんあろう。

が、

心配り・気配り・慮り（おもんばかり）

「心ある介護スタッフ」

それ以上に、「身体を（「暮らしのなかで」）孤立させない」という配慮がそこにはある。

○キーである「暮らしのなかで」（→生活の中→「【居住】空間の中」）が補えます。

○キーである「身体」が記されているから、同じくキーである「暮らしのなか」が補えるのです。

◎省略を自分で補えば、意味が見やすくなります。→次の【次の次の】答が見えます。

◎補うのは、補えるのは、補えばいいのは、キーです。→頻出語だからです。

（具体例内容）

（また）　◎ポイントと具体例は表裏一体。

（具体例内容）

○「～とき（時）」は具体的（例）文字です。並列の「も」もあります。具体的内容を並べて記しているのです。

○ここの（ミクロ的）ポイントは「さまざまなふるまいをまとめあげた『暮らし』」と「人体（身体）」。

（【ミク的】ポイントの位置は前々ページ）。

◎具体例はポイントを説明するためにあります。ポイント内容を忘れてはいけません。

停電のときでも身の回りのほとんどの物に手を届けることができるように、からだ《身体》は（暮らしのなかで）物に身をもたせかけている。からだは（暮らしのなかで）物の場所にまでいつも出かけていっている。

○絶対強調（↓問3・問4）

←

○問3・問4の設問文、選択肢に絶対強調の語はありません。（省略されています）。しかしこの絶対強調の意味は生きていますから注意しましょう。

「からだが家のなかにあるというのは」「ただ物理的に空間の内部に身体が存在するのではなく、人間の身体が空間やその空間にいるひとびとと互いに関係しながら、みずからの身体の記憶に促されることで（いつも）ふるまいを決定しているということ」問2設問・選択肢⑤

「さまざまなふるまいをまとめあげた『暮らし』というものが人体から脱落」（今現在のポイント【ミクロ的ポイント】）

「新しい暮らしのなか（で）」

（暮らしのなかで）物との関係が切断されれば、身は宙に浮いてしまう。新しい空間で高齢者が転びやすいのは、比喩《ひゆ》ではなく、まさに身が宙に浮いてしまうからである。

＝

「さまざまなふるまいをまとめあげた『暮らし』」が、「人体から脱落してゆく」（今現在のポイント【ミクロ的ポイント】）

「暮らし」

まわりの空間への手がかりが奪われているからである。

「「バリアフリー」で楽だ」とおもうのは、あくまで介護する側の視点である。

「暮らし」

他のひと

○絶対強調（↓問3・問4省略）

まわりの空間への手がかりがあって、他の身体──それは、たえず動く不安定なものだ──

○絶対強調（↓問3・問4省略）

初めて

との丁々発止のやりとりもはじめて可能になる。

「バリアフリー」につくられた空間

他人

とすれば、人体の運動に対応づけられた空間では、他のひととの関係もぎくしゃくしてくることになる。

あるいは、

物とのより滑らかな関係に意を配るがために、他者に関心を寄せる余裕もなくなってくる。

問2選択肢⑤「人間の身体が空間やその空間にいるひとびとと互いに関係しながら」

互いに――関係（相互関係）

そう、たがいに「見られ、聴かれる」という関係がこれまで以上に成り立ちにくくなる。

空間が、いってみれば、「中身」を失う……。

X「中身」？

○波線部Xは、問6の設問です。問題番号6というように、この場で解くよりも最後に解いたほうがよいことを問題作成者が教えてくれている、と見ます。

問2 ← 空間が、いってみれば、「中身」を失う……。

問3 ← X「中身」？

○これまで一度も出てこなかった「中身」という語を記し、その語を改めて疑問「?」の形で示しています。

◎新しい語を使っての疑問→起承転結の「転」の位置になります。

○新たなキー・ポイント「中身」についてこれから説明されていきます。→問3・問4（問4は問3の意味内容を受けて存在します）。

◎「転」の位置では、必ず問題がつくられます。→問6・問3
※問6も問3も傍線を引かれての「転」の設問として見てよいでしょう。（本書の第1問から第3問のように、〜〜線X【問6】の設問がなく、━━線が引かれての「転」の設問の場合もあります）。
○本文の流れの中での「転」です。これまでのポイント（問2選択肢⑤→「暮らし」）を忘れないでください。→問題の欄外にメモ等をしておきましょう）。
○すでに確認したように問3の設問・選択肢に「暮らし」はありません。「暮らし」がキーになるのは、問4です。（これを確認した先ほどの時点で、問3が「転」の設問であること、問3の━━線の前に「転」があることに気づきましょう）。
問4　①　〜暮らし〜。　②　〜暮らす〜。　③　〜暮らし〜。　④　〜暮らし〜。　⑤　〜〜。
◎「起承」のキー・ポイントは、必ず、「転」の意味内容（ポイント）を受けて、再登場します。そうして「結」に繋げます。
○今回の「起承」のキーは、「暮らし」です。つまり、この「暮らし」に「転」の意味内容（新しい意味内容）が加わる、ということです。

「『中身』?」
◎固有名詞（人名・タイトル）＝具体例
→○「この言葉（「中身」）がポイントで、「建築論」・「青木淳の『原っぱと遊園地』」が具体例です」。
「青木淳」の「建築論」を使って、「中身」を説明していきます。→問3

この言葉をいきいきと用いた建築論がある。青木淳《じゅん》（注6）の『原っぱと遊園地』（王国社、二〇〇四年）だ。

青木によれば、「遊園地」が「あらかじめそこで行われることがわかっている建築」だとすれば、

○「高齢者用のグループホーム」とつりあうはずです。

（「高齢者用のグループホーム」は、「バリアフリー」「空間」と対極の「空間」です）。

◎マクロ的ポイントを忘れずにおさえておけば、先読みができます。

「原っぱ」とは、そこでおこなわれることが空間の「中身」を創ってゆく場所のことだ。

原っぱでは、子どもたちはとにもかくにもそこへ行って、それから何をして遊ぶか決める。

相互関係

文章の流れ（設問の流れ）

問2選択肢⑤「その空間にいるひとびとと互いに関係しながら」

隠喩（↓問3）↓

← 問3

原っぱでは、偶々・偶然 ↓ ↓ 行為＝（○隠喩の強調内容が問3正答、とイメージ、予測）

そこでは、たまたま居合わせた子どもたちの行為の糸が

互いに　中　「関係性」

たがいに絡まりあい、縒りあわされるなかで、空間の「中身」が形をもちはじめる。

○**「空間の『中身』が形をもちはじめる」**

← **（「原っぱ」という空間で何をして遊ぶかが決まっていく）**

○「中身」の意味内容はポイント内容ですから、問3（正答）選択肢で示されます。→「空間の～」の形からチェックすればよいでしょう。→ただし、その「～」の部分には、隠喩の強調内容である「『関係性』から」の意味内容が生きていなければいけません。（「たまたま居合わせた子どもたちの行為の糸が互いに絡まりあい、縒りあわされるなかで、空間の『中身』が形をもちはじめる」の「で」は、「ところ（所・場所・中）」であり、「起点」であり、「順接」です。因果関係ですから、表裏一体なのです）。

問3
① ～空間の用途が～。
② ～空間の利用法を～。
③ ～～。
④ ～行為相互の偶発的な関係から空間の予想外の使い方が～。
⑤ ～空間の用途や～。

○選択肢④「行為相互の偶発的な関係（から生み出されるもの）」＝「空間の予想外の使い方」（※表裏一体）

○「関係」のキーのある選択肢は④だけです。

「行為の糸の（絡まりや縒りあわせ）」

○「指示語＋キー」・隠喩→問3

「その絡まりや縒りあわせをデザインするのが、巧い遊び手のわざだ」ということであろう。

青木はこの「原っぱ」と「遊園地」を、「二つの対立する建築理念の比喩」として用いている。

そして前者「原っぱ」の建築理念、つまりは、特定の行為のための空間「遊園地」を作るのではなく、行為と行為をつなぐものそれ自体をデザインするような建築を志す。

（つまり）

「空間[B]がそこで行われる（行為）だろうことに対して先回りしてしまってはいけない」というわけだ。

問3　傍線部B「空間がそこで行われるだろうことに対して先回りしてしまってはいけない」とあるが、それはなぜか。

※不適内容です。適した説明に必要なキーを意識しながら、すべての選択肢を丁寧に読んでください。

○単に、「原っぱ」が＋のイメージ、「遊園地」が－のイメージというような意味だけで捉えてはいけません。

○マクロ的ポイントの説明のために、ここの「原っぱ」と「遊園地」はありません。

①　原っぱのように、遊びの手がかりがきわめて少ない空間では、行為の内容や方法が限定されやすく空間の用途が特化される傾向を持ってしまうから。

②　原っぱのように、使用規則や行動基準が規定されていない空間では、多様で自由な行為が保証されているためにかえってその空間の利用法を見失わせてしまうから。

③ 遊園地のように、明確に定められた規則に従うことが自明とされた空間では、行為が事前に制限されるので空間を共有するひとびとの主体性が損なわれてしまうから。

↔「『原っぱ』とは、そこでおこなわれることが空間の『中身』を創ってゆく場所」

④ 遊園地のように、その場所で行われる行為を想定して設計された空間では、行為相互の偶発的な関係から空間の予想外の使い方が生み出されにくくなるから。

「相互関係」

たまたま
偶々・偶然

「空間の『中身』」

創造性

○この問3選択肢④をよく見てください。問2選択肢⑤ポイント内容「互いに関係しながら」「ふるまい」（＝相互関係）に、新たなポイント「偶発的」を加え、論が進んでいるのがわかるでしょう。

↓問4選択肢にも、「行為」、「相互関係」、「偶発的」そして、隠喩の強調内容だった「空間の予想外の使い方」（この意味に相当する語・結びつく語）が記される、と予測できます。本文の流れです。あくまで本文の流れがあって、設問が作られます。

「起承」からのキー

（問4③「～身に付いたふるまいを残しつつ、他者との出会いに触発されて新たな暮らし～」）

⑤　遊園地のように、特定の遊び方に合わせて計画的にデザインされた空間では、空間の用途や行為の手順が誰にでも容易に推測できて興味をそいでしまうから。

〈問3・解答〉　④

チェック〈そのⅡ〉　**〈問3・〉問4**

それでは

では、造作はすくないほうがいいのか。「ホワイトキューブのようなまったく無規定のただのハコが理想的だ」ということになるのだろうか。「ちがう」、と青木はいう。

○すでに起承転結の「転」の始まりの位置は確認しました。ここの「では」は、前後ともに、「青木」が登場していますから、起承転結の「転」ではありません。ここの「では」は、前述の内容を受けての（「それでは」という形での）問いかけとなっています。「では」の前後に「青木（『原っぱと遊園地』）」が登場していることからも、それがわかります。

○もし、ここの「では」が「転」の始まりの位置なら、これ以降、「青木（『原っぱと遊園地』）」がポイント内容としても具体例内容としても記されません。つまり、「青木（『原っぱと遊園地』）」の文字は消えます。しかし、この直後に、「青木（『原っぱと遊園地』）」の引用文がきます。ここの「では」は文章全体の「転」の位置ではないのです。

（※「転」のみで全体と捉えれば、つまり〰〰線Xから━━線Cまでですべて【全体】とすれば、ここの「では」は「転」となります。【「転」の中の「転」ということです】）。

○以下、「青木」の「原っぱと遊園地」からの引用です。（きちんと読んでください）。

○これからマクロ的ポイント（「高齢者用のグループホーム」）につなげる内容が記されるはずです。↓問4

まったくの無個性の抽象空間のなかで、理論的にはそこで「なんでもできる」ということではない。たとえば、工場をアトリエやギャラリーに改装した空間が好まれるのは、それが特性のない空間だからではない。工場の空間はむしろ逆に、きわめて明確な特性を持っている。工場には、様々な機械の自由な設置を可能にするためにできる限り無柱の大きな容積を持った空間が求められる。そこでの作業を考え、部屋の隅々まで光が均等に行き渡るように、天井にはそのためにもっとも適切な採光窓がとられる。その目標から逸脱する部位での建設コストは切り詰められる。工場はこうした論理を徹底することでつくられてきた。この「結果」として、工場は工場ならではの空間の質を持つに至る。工場は、「無限定の空間と均一な光で満たされる」ということと引き替えに、一般的な意味での「居心地の良さを捨てる」という、明確な特性を持った空間なのである。工場は、単に、空間と光の均質を実現した抽象的な空間なのではない。工場は、そこでの作業を妨害し**ない**範囲で、柱や梁《はり》のトラス（注8）が露出されている、きわめて物質的で具体的な空間なのである。

○「こ」で始まる指示語です。引用した「青木」のまとめに入ります。（「転」の中でのまとめです）。
＝マクロ的ポイントにつなげるキーを記していくはずです。注意しましょう。→問4

このような空間に「自由」を感じるのは、そこではその空間の「使用規則」やそこでの「行動基準」がキャンセルされているからだ。「使用規則」をキャンセルされた物質の塊が「別の行為への手がかり」として再生するからだ。

◎「転」のまとめ内容の中の文字と「起承」で記されていたキーを結びつけましょう。

←「ふるまい」←「別の」「ふるまい」「への手がかり」（→再生）←「別の」「ふるまいをまとめあげた『暮らし』」←「高齢者用のグループホーム」

◎マクロ的ポイントと結びつけましょう。
→「高齢者用のグループホーム」

原っぱもおなじだ。そこは雑草の生えたでこぼこのある更地であり、来るべき自由な行為のために整地され「キューブ」としてデザインされた空間なのではない。そこには「別の行為【予想外の使い方】」へのいろんな手がかりがある。

「高齢者用のグループホーム」マクロ的キー・ポイントの再登場です。↓問4

木造家屋を再利用したグループホームは、逆に空間の「使用規則」やそこでの「行動基準」がキャンセルされていない。その意味では「自由」は限定されているようにみえるが、そこで開始されようとしているのは別の「暮らし」である。

○「起承」から再登場のキー・ポイント（「『暮らし』」）に新しい意味が加わっています。

◎「転」の意味内容（ポイント）の添加 ←「別の暮らし」で問4をチェックします。

問4　①　×　～伝統的な暮らし～。　②　×～暮らすための手がかり～　。

③　～新たな暮らし～。　④　×～身に付けてきた暮らしの知恵～。　⑤　～～。

「たまたま（同じ空間に）居合わせた子どもたちの行為の糸がたがいに絡まりあい、縒りあわされるなかで、空間の「中身」が形をもちはじめる。」

○本文・問3の選択肢チェックができたポイント箇所と同じ書き方をしています。

○本文の流れ ←

からだと物や空間とのたがい《互い》に浸透しあう関係のなかで、

○問3④「行為相互の偶発的な関係」とありますから

「別のひととの別の暮らしへ」と空間自体が編みなおされようとしている。
（木造家屋を再利用したグループホームは）その手がかりの充満する空間だ。

○問4でも「関係（性）」はキーになると見ます。

問4　①〜。②〜。③〜。④〜。⑤〜。

○問4の選択肢に、「関係（性）」の文字はありません。しかし注意しましょう。「関係（性）」は本文で、キー・ポイントとして確かに生きています。（本文があって、設問があります。本文の流れが設問の流れです。）

（木造家屋を再利用したグループホームは）

「で」＝前後で表裏一体

からだと物や空間とのたがいに浸透しあう関係のなかで、

「（相互）関係性」は、結果の内容に生きています。

別のひととの別の暮らしへと空間自体が編みなおされようとしている。

○問4選択肢では、「関係（性）」と同じ意の、別の文字が記されているということです。↓前の設問ポイントと結びつけます。↓「行為相互の偶発的な関係」（問3選択肢④）↓問3で「〜〜関係」の意味を作っている語、「行為相互の偶発的な」を、問4選択肢でチェックすればいいのです。

◎全体は部分を、部分は全体を表します。

↓問4　①〜。②〜。④〜。⑤〜。

順接＝（因果）＝表裏一体

問4　③〜他者との出会いに触発されて新たな暮らし〜。

＝

「人間相互の偶発的な関係（問3選択肢④）

「新たな関係性」による「新たな暮らし」

青木はいう。

「『文化』というのは、

すでにそこにあるモノと人の関係が、それをとりあえずは結びつけていた機能以上に

（問2選択肢⑤）「人間の身体が空間やその空間にいるひとびとと互いに関係しながら、みずからの身体の記憶に促されることでふるまいを決定している」

「行為相互の偶発的な関係から空間の予想外の使い方が生み出され」る（問3選択肢④）

「成熟した」「モノと人の関係から」

成熟し、今度はその関係から新たな機能を探る段階のことではないか」と。

「木造家屋を再利用したグループホーム」

そのかぎりでC高齢者たちが住みつこうとしているこの空間には「文化」がある）。

問4　傍線部C「高齢者たちが住みつこうとしているこの空間には『文化』がある」とあるが、それはどういうことか。

※不適内容。消去法の読み方ではなく、チェックしたキーに注意して正答と読み比べてください。

① 木造家屋を再利用したグループホームという空間では、「人のふるまいが制約されている」ということとひきかえに、伝統的な暮らしを取り戻す可能性があるということ。

② 木造家屋を再利用したグループホームという空間では、多くの入居者の便宜をはかるために設備が整えられているので、暮らすための手がかりが豊富にあり、快適な生活が約束されているということ。

③「木造家屋を再利用したグループホーム」という空間では、そこで暮らす者にとって、身に付いたふるまい《行為》を残しつつ、他者との出会いに触発されて

◎本文の流れは設問・ポイントの流れです。強く意識しましょう。

設問・ポイントの流れ

↓ ↓ ↓ ↓ ↓ ↓ ↓ ↓

空間が求める挙措の「風」　糸が互いに絡まりあい、縒りあわされる

問2⑤　↓ ↓ ↓ ↓　**(問3④)「偶発的な関係」**　↓ ↓ ↓

創造　　編みなおす
新たな暮らしを築くことができるということ。
「文化」（「新たな機能」）

④ 木造家屋を再利用したグループホームという空間では、空間としての自由度がきわめて高く、ひとびとがそれぞれ身に付けてきた暮らしの知恵を生かすように暮らすことができること。

⑤ 木造家屋を再利用したグループホームという空間では、さまざまな生活歴を持ったひとびとの行動基準の多様性に対応が可能なため、個々の趣味に合った生活を送ることができるということ。

〈問4・解答〉 ③

チェック〈そのI〉問5

○問5→問2・問3・問4の流れから→「関係」というキーを予測できます。
本文を読み出す前に、問5選択肢をチェックしてみます。

問5
① ～ 他者との関係 ～。
② ～ 関係 ～。
③ ～ ～。
④ ～ ～。

⑤ 〜〜。

問2　問4

「さまざまなふるまいをまとめあげた『暮らし』」

住宅は「暮らし」の空間である。

「暮らし」の空間が他の目的を明確にもった空間と異なるのは、

→ ○指示語（問5）

そこでは

「ふるまい」（問2・問4）・「行為」（問3）

→ 複数の異なる行為がいわば同時並行でおこなわれることにある。

○「住宅」＝「『暮らし』の空間」です。問5は「現在の住宅」の設問です。

ポイント　○問5選択肢では、「住宅」、「空間」のキーはすべての選択肢にあります。この「空間」は「『暮らし』の空間」です。具体的にこの「『暮らし』」の内容について、選択肢では説明がされているのです。だから、すべての選択肢に「『暮らし』」という文字はありません。「複数の異なる行為」・「同時並行」のキーで選択肢をチェックします。

問5　① 〜複数の異なる行為を同時に行ったり〜。　② 〜。

③ 〜行為を同時に行える〜。　④ 〜。　⑤ 〜。

（たとえば）

（たとえば）○以下に「複数の異なる行為」の「同時並行」の具体例が記されているので、（たとえば）と補えます。「複数の異なる行為」の「同時並行」がポイント内容です。

具体例

○絶対強調（具体例位置ですから、ポイントの中にもこの絶対強調の意は生きています。（↓問5省略）問5の設問・選択肢に絶対強調の語はありません。本設問・選択肢で絶対強調・限定強調の語は省略されています。しかしその意は生きていますから注意しましょう）。

＝

何かを見つめながらまったく別の物思いにふけっている。食事をしながら、おしゃべりに興ずる。食器を洗いながら、子どもたちと打ち合わせをする。電話で話しながら、部屋を片づける。ラジオを聴きながら、家計簿をつける……。「食事、労働、休息、調理、育児、しつけ、介護、習い事、寄りあい」と、暮らしのいろいろな象面（注9）がたがいに被さりあっている。

（「〜〜」という暮らしのいろいろな象面がたがいに被さりあっている）。

＝

「互いに」・「相互に」

→（「『暮らし』の中」での）「複数の異なる行為」の「同時並行」。（が住宅という空間を濃くしている）。

これが「住宅」という（「暮らし」の）空間を濃くしている。（犬なら、「餌を食いながら人の顔を眺める」ということができない？「排尿しながら、他の犬の様子をうかがう」ということができない？）

◎「〜てしまった」は基本的に予期せぬ結果、期待はずれの結果の書き方。
多くの場合、－のイメージの書き方となります。

時の流れ

住宅は、いつのまにか目的によって仕切られてしまった。＝

→「（現在の）住宅」

ポイント　問5　①〜目的ごとに空間が切り分けられ〜。

→　②〜ゾーニング〜空間の独立性〜。

（たとえば）　③×〜〜。（－のイメージ内容ではありません）

←　④×〜部屋の用途を交換でき〜。

具体例　⑤〜空間ごとの役割を明確にした〜。

←リヴィングルーム、ベッドルーム、仕事部屋、子ども部屋、ダイニングルーム、キッチン、バスルーム、ベランダ……。生活空間が、さまざまの施設やゾーニング（注10）によって都市空間が切り分けられるのとおなじように、用途別に切り分けられるようになった。

○「ふるまい」が、「目的」・「用途別に切り分けられるようになっ」「てしまった」「住宅」と並びます。
「空間」と「ひと」は因果・表裏一体の関係ですから、当然（＝もちろん＝言うまでもないこと）です。
＝問5（問2・問4）＝「行為」（問3）

当然、ふるまいも切り分けられる。

（たとえば）
「襖を腰を下ろして開ける」というふうに、
「空間が求める挙措の風」（問2）（「空間の『中身』が形をも」つ【問3】）
ふるまいを鎮め、それにたしかな形をあたえるのが住宅であったように、
「歩きながら食べ、ついでにコンピュータのチェックをする」というふうに、
「空間の『中身』を創ってゆく」（問3）（→「新たな暮らし」問4）
○程度の強調＝「多型的に動き回らせる」ものを強調。→「住宅」を強調→問5
（注意されながらも）その形をはみだすほどに多型的に動き回らせるのも住宅である。
D 行為と行為をつなぐこの空間の密度を下げているのが、現在の住宅である。
かつての木造家屋には、「いろんなことがそこでできる」という、空間のその可塑性

によって、

「からだを眠らせない」という知恵が、ひそやかに挿し込まれていた。

木造家屋を再利用したグループホームは、たぶん、そういう知恵をひきつごうとしている。

○書き出しのマクロ的ポイントが示され、文章が結ばれます。（始めと終わりのバランス）。

問5　傍線部D「行為と行為をつなぐこの空間の密度を下げているのが、現在の住宅である」とあるが、それはどういうことか。

①　現在の住宅では、仕事部屋や子ども部屋など目的ごとに空間が切り分けられており、

「（行為の）目的によって仕切られ」・「用途別に切り分けられる」

使いみち・使い方

「それぞれの用途」とはかかわらない複数の異なる行為を同時に行ったり、

「複数の異なる行為が」

「同時並行」

問4選択肢③「木造家屋を再利用したグループホームという空間」

「身に付いたふるまいを残しつつ他者との出会いに触発されて新たな暮らしを築くことができる」

＝創造

他者との関係を作り出したりするような可能性が低下してしまっていること。

（問2・問3【問4】）

＝（「当然、ふるまいも切り分けられ」てしまっている）

（問2・3・4）

柔軟性

塑像（粘土像）

「かつての木造家屋には、いろんなことがそこでできるという、空間のその可塑性によって、からだを眠らせないという知恵が、ひそやかに挿し込まれていた」

○「いろんなことがそこでできるという、空間のその可塑性」

↓並列の読点「、」と「指示語＋キー」の形がありますから、「可塑性」の正確な意味がわからなくとも、「いろんなことがそこで（そこの空間で）できる」意と見られればよいでしょう。

※不適内容。丁寧に読みましょう。

② 現在の住宅では、ゾーニングが普及することでそれぞれの空間の独立性が高められており、

家族であってもそれぞれが自室で過ごす時間が増えることで、人と人とが触れあい、関係を深めていくことが少なくなってしまっていること。

③　現在の住宅では、空間の慣習的な使用規則に縛られない設計がなされており、居住者たちがそのときその場で思いついたことを実現できるように、各自がそれぞれの行為を同時に行えるようになっていること。

④　木造家屋などかつての居住空間では、居間や台所など空間ごとの特性が際立っていたが、現代の住宅では、居住者が部屋の用途を交換でき、空間それぞれの特性がなくなってきていること。

⑤　木造家屋などかつての居住空間では、人体の運動と連動して空間が作り変えられるような特性があったが、空間ごとの役割を明確にした現在の住宅では、予想外の行為によって空間の用途を多様にすることが困難になっていること。

〈問5・解答〉①

チェック〈そのI〉 問６ⅰ

X「中身」？

問６ この文章の表現について、次のⅰ・ⅱの各問いに答えよ。

ⅰ 波線部Ｘの表現効果を説明するものとして最も適当なものを、次の①～④のうちから一つ選べ。

① 「議論を中断し問題点を整理して、新たな仮説を立てよう」としていることを読者に気づかせる効果がある。

② 「これまでの論を修正する契機を与えて、新たに論を展開しよう」としていることを読者に気づかせる効果がある。

③ 行き詰まった議論を打開するために話題を転換して、新たな局面に読者を誘導する効果がある。

④ あえて疑問を装うことで立ち止まり、さらに内容を深める新たな展開に読者を誘導する効果がある。

問２　↓　↓　問３

空間が、いってみれば、「中身」を失う……。

「中身」?

○「この言葉」は、「空間」の「『中身』」です。

◎「起承転結」の「転」は、一つの文章の流れの中にあります。

○以下、「青木淳」の「建築論」を使って、「空間」の「『中身』」を説明していきました。

この言葉をいきいきと用いた建築論がある。青木淳《じゅん》（注6）の『原っぱと遊園地』（王国社、二〇〇四年）だ。

○〜〜線Xは、━━線Aと、━━線B・C・Dの間に、位置しています。

↓問2選択肢⑤、〜〜線X、そして問3選択肢④、問4選択肢③、問5選択肢①を読み返しましょう。

◎文章の流れ、ポイントの流れを、解答の流れで確認しましょう。もし、自分の選んだ選択肢で、流れに沿わないものがあれば、それは誤答ということです。

問2選択肢⑤「ただ物理的に空間の内部に身体が存在するのではなく、人間の身体が空間やその空間にいるひとびとと互いに関係しながら、みずからの身体の記憶に促されることでふるまいを決定しているということ。」

「中身」?　「空間」の「中身」です。

問3選択肢④「遊園地のように、その場所で行われる行為を想定して設計された空間では、行為相互の偶発的な関係からの空間の予想外の使い方が生み出されにくくなるから。」

問4選択肢③「木造家屋を再利用したグループホーム」という空間では、そこで暮らす者にとって、身に付いたふるまいを残しつつ、他者との出会いに触発されて新たな暮らしを築くことができるということ。

問5選択肢①「現在の住宅では、仕事部屋や子ども部屋など目的ごとに空間が切り分けられており、それぞれの用途とはかかわらない複数の異なる行為を同時に行ったり、他者との関係を作り出したりするような可能性が低下してしまっていること。」

文章最終部ポイント↓「かつての木造家屋には、『いろんなことがそこでできる』という、空間のその可塑性によって、からだを眠らせないという知恵が、ひそやかに挿し込まれていた。木造家屋を再利用したグループホームは、たぶん、そういう知恵をひきつごうとしている。」

○マクロ的ポイントを最後に必ずおさえましょう↓「木造家屋を再利用したグループホーム」は「空間の」「可塑性によって、身体を眠らせないという知恵」「をひきつごうとしている」

◎一つの文章の中で、同じ書き方をしている語句は、その根本の意を同じくします。

○左記のキー・ポイントの語句はすべて根本の意を同じくしています。

「私は思い出す。」「高齢者用のグループホームのことを。」

＝

「空間の内部」　問2

＝

「中身」？

＝「空間の中身」　問6

「空間の『中身』が形をもちはじめる」

＝「行為相互の偶発的な関係から空間の予想外の使い方」（生み出される）　問3

＝「木造家屋を再利用したグループホーム」という空間・（「新たな暮らし」「できる」）　問4

＝「住宅」の「可能性」　問5

＝（「いろんなことがそこ【の空間】でできるという、空間のその可塑性」）

「ふるまい」「にたしかな形をあたえる」「住宅」

＝「木造家屋を再利用したグループホーム」「からだを眠らせないという知恵」　**（結び）**

＝（「私」が「思い出す」「高齢者用のグループホーム」）　**（書き出し）**

※不適内容。丁寧に読み比べてください。

① 議論を中断し問題点を整理して、新たな仮説を立てようとしていることを読者に気づかせる効果がある。

② これまでの論を修正する契機を与えて、新たに論を展開しようとしていることを読者に気づかせる効果がある。

③ 行き詰まった議論を打開するために話題を転換して、新たな局面に読者を誘導する効果がある。

「中身」？

「装う」＝「評論」の問いかけは、（当然のことですが）答えを予め用意しておいての問いかけの形になります。

④ あえて疑問を装うことで立ち止まり、さらに内容を深める新たな展開に読者を誘導する効果がある。

「起承『転』結」

◎文章は、ある一つの意味内容（マクロ的ポイント）について記されます。

〈問6 i・解答〉 ④

チェック〈そのI〉 問6 ii

ii 筆者は論を進める上で青木淳の建築論をどのように用いているか。

① 筆者は青木の建築論に異を唱えながら、一見すると関連のなさそうな複数の空間を結びつけ

「「暮らし」の空間」として木造家屋を再利用したグループホームに関する主張を展開している。

② 筆者は青木の建築論の背景にある考え方を例に用いて、それぞれの作業ごとに切り分けられた現代の「暮らし」の空間を批判し、木造家屋を再利用したグループホームの有用性を説く主張を補強している。

③ 筆者は青木の建築論を援用しながら、「空間の編みなおし」という知見を提示することで、「「暮らし」の空間」として木造家屋を再利用したグループホームに価値を見いだす主張に説得力を与えている。

④ 筆者は青木の建築論を批判的に検証したうえで、「現代の「暮らし」の空間」と「工場における空間」とを比較し、「木造家屋を再利用したグループホームに自由な空間の良さがある」と主張している。

○「青木淳の建築論」の直後の設問に注目します。→問３

「青木淳の建築論」の後で、マクロ的ポイント「木造家屋を再利用したグループホーム」が再登場したところに注目します。→問４——線Ｃの段落

←

○問３・問４をチェックした際のキーワードで、問６ⅱの選択肢をチェックすればよいということです。

「行為相互の偶発的な関係から空間の予想外の使い方」が「生み出され」る。（問３選択肢④）

＝

「他者との出会いに触発されて新たな暮らしを築くことができる」（問４選択肢③）

③　筆者は青木の建築論を援用しながら、「空間の編みなおし」という知見を提示することで、「「暮らし」の空間」として木造家屋を再利用したグループホームに価値を見いだす主張に説得力を与えている。

◎正しい形式を説明するには、正確な意味内容（キーワード）を記すしかないのです。

チェック〈そのⅡ〉 問６ⅱ

◎問題と答は表裏一体の関係です。形式と内容は表裏一体の関係です。

○問６のⅰとⅱは、もちろん同じポイントの問題となっています。

～～線X「『中身』」は、「空間の『中身』」でした。

◎「AのB」

問６ⅱの正答には「空間の『中身』」と結びつくキーが存在しているということです。そのキーを使わなければ、正しい答えを記すことはできません。（筆者は、「空間の『中身』」を説明するために、「青木」を登場させたのですから）。

問６ⅱの選択肢を「空間の『中身』」でチェックしましょう。

問６ⅱ　①　〜。

② 〜。

③ 〜空間の編みなおし〜。

④ × 〜自由な空間の良さ〜。

○ このポイント内容の設問が、問4——線Cになっています。

← 問4選択肢③「『木造家屋を再利用したグループホーム』という空間では、そこで暮らす者にとって、身に付いたふるまいを残しつつ、他者との出会いに触発されて新たな暮らしを築くことができるということ。」

○ⅰの解説・チェックページも参考にしながら、誤答も丁寧に読んでください。

※不適内容です。そもそも必要なキーがなければ、正答は記せません。

① 筆者は青木の建築論に異を唱えながら、一見すると関連のなさそうな複数の空間を結びつけ「暮らし」の空間として木造家屋を再利用したグループホームに関する主張を展開している。

② 筆者は青木の建築論の背景にある考え方を例に用いて、それぞれの作業ごとに切り分けられた現代の「暮らし」の空間を批判し、木造家屋を再利用したグループホームの有用性を説く主張を補強している。

問6・i

〜〜〜線X「(空間の)『中身』」↓↓↓↓↓↓↓↓

③ 筆者は青木の建築論を援用しながら、「空間の編みなおし」という知見を提示することで、

「新たな」「『暮らし』の空間」(問4③)

「「暮らし」の空間」として木造家屋を再利用したグループホームに価値を見いだす主張に説得力を与えている。

④ 筆者は青木の建築論を批判的に検証したうえで、「現代の「暮らし」の空間」と「工場における空間」とを比較し、木造家屋を再利用したグループホームに自由な空間の良さがあると主張している。

〈問6 ii・解答〉 ③

第4問解答

〈問1〉

ア＝**挙**措　①準**拠**　②**去**就　③特**許**　④**虚**実　⑤暴**挙**

イ＝**塊**　①氷**解**　②奇**怪**　③**皆**目　④団**塊**　⑤**懐**古

ウ＝**更**地　①晴**耕**雨読　②**更**迭　③**恒**久的　④**厚**遇　⑤強**硬**

エ＝**充**満　①**銃**口　②**柔**軟　③追**従**　④拡**充**　⑤**縦**横

オ＝家計**簿**　①原**簿**　②規**模**　③思**慕**　④応**募**　⑤**墓**碑銘

ア……⑤　イ……④　ウ……②　エ……④　オ……①

※問1のア～オの漢字問題のカタカナは、〈解説・チェック〉中では漢字表記にしています。

〈問2〉⑤　**〈問3〉**④　**〈問4〉**③　**〈問5〉**①　**〈問6〉**i……④　ii……③

〈読解から論述へ《一つの例証》

○本書で学んだ読解を、論述に生かしましょう。

問「コミュニケーションについて論じなさい。」（解答用紙40字目安×25行＝約1000字の設定）。

◎まずは、マクロ的文章構成から、内容と形を組み立てていきます。作成順序は、結→起→承→転。

一文のキー、一文と一文の関係（内容と形）を意識して書きましょう。指示語・接続語を意識すると、関係性は見やすくなります。内容にばかり気をとられると、形が見えなくなり、論理が乱れます。

（結び）結論、最終ポイントからつくります。（起承キー）が、転の意味【キー】を加え、復活します。**転に秘めておいた意味を、ここの結でしっかり表現します**）。

つまりコミュニケーションは、**この世界**で生きていくということそのものなのだ。**世界**は、他者と自己でできている。つまり、**相手を理解しようという努力、思いやる心、他者を自分と同じかけがえのない存在と見ることのできる強さとやさしさ**から、本当のコミュニケーションは生まれる。（たとえば）あるいは裏切られることや損をすることがあるかもしれない。しかし**柔軟で確固たる自分自身というものをつくること**こそが肝要なのだ。（つまり）**他者からの信頼に足る自己の確立**。その先に、本当のコミュニケーションはある。（つまり）尊いことの成就ほど、時間はかかるものなのだ。

（書き出し）起を、結と繋がる形で作成。（結とのバランスは、露骨にならないように）。

コミュニケーションがうまくいかなければ、社会や組織の混乱は必至だ。いや、**世界**が成り立たなくなってしまうといってもいいだろう。

（展開）承で、起を受けての現状把握・一般論。（その場にとどまり過ぎては、論は展開しませんから注意！）

（たとえば）人と人とが同じ時間を共有する場合、まずコミュニケーションをとりましょうと大概なる。国の外交でも、仕事の取引でも、隣人とのつきあいでも、サッカーの試合でもそうだ。これは、国際平和、営利、発展、日常の幸せ、チームの勝利、目的が何であろうと、その維持、達成のためには、人と人との関係性が重要で、それにはコミュニケーションが大切であると誰もが思っているからだろう。

（深部・文章の核となるキーの初出） 転で、起承キーを転じます。→起承キーを打ち消すか、消去する。新しいキー・ポイントの登場。

　しかしこのコミュニケーションという言葉を、我々はあまりに安易に使っていやしないか。というのも、情報や意思のやり取りをするだけでは、本当のコミュニケーションとは呼べないからである。そこには、本当の信頼関係が存在していなければならない。これを築くには、とにかく相当な努力と時間がいる。（たとえば）相手を理解し、こちらのこともよくわかってもらうためには、言葉を尽くさねばならないが、自分の本当の思いを相手に伝えるというのは、かなり勇気のいる行為のはずだ。（そしてまた）相手の本心を聞きだすのも、容易なことではあるまい。何しろ、本心かどうかは、その人自身にしかわからない。（つまり）お互いに、心を開くかどうかは、相手が信頼できる人間であるかどうかにかかってくるのだ。（つまり）何の努力もなしに、ただ時間を共有するだけでは、本当の信頼関係はつくれないのである。しかも本心を、一時、誰かと打ち明け合ったとしても、それで人間関係も、コミュニケーションも終わりにはならない。

◎本書の読解法を、論述の形で示してみました。一つの例証です。▼実際は起→承→転→結の順に並べかえてから、再度、意味の調整、ブラッシュアップを行います。今回は、それを済ませたものを結・起・承・転の順で並べ、示しています。▼ミクロ・マクロの目を使い分け、キーを配置しましょう。内容と形式が揃ってこそ、本物の文章です。本当の読解は、記述・論述の力を磨きます。どうぞ、光る文章を書いてください。（書いたものには、責任が生まれます。あなたの書いた文章は、あなたそのものですから）。▼構成は、「本論・結論」（、「結論・本論」）の二段型でも、「序論・本論・結論」の三段型でも構いません。思考の仕方は、自由です。人それぞれです。（四段型の起承転結の書く順番についても、強制はしません）。▼内容も、自身の経験から問題点に気づくこともあれば、グローバルな視点から結論を導き出すこともあるでしょう。▼ただ、試験の場合には、時間の制限があります。柔軟な思考と併せて、自分の文章スタイルを確立しておくことは大切といえるでしょう。▼いずれ、試験問題とは無縁の、あなた自身の文章を書く日がきます。

おわりに

試験の読解は、個人の解釈とは違います。他の科目と同じく、学習が必要です。母語である現代文は、本来、受験者みなが満点をとってよい科目です。なにも六割の平均点に拘る必要はないでしょう。なにしろ、思考の原点ともいえる大切な科目なのですから。

本当の現代文読解というものは、画一的なものの見方などではありません。それは、創造へと結びつく思考の基礎であり、出発点です。（試験から離れても、多くの書物に触れてください。あなたの生はあなたのものです。あなた個人の読書は、楽しんだり、悩んだり、あなたにしか味わえない読書となります。そしてあなたしか味わえない人生をどうぞ力強く歩んでください）。

本書で確実に力はつきます。あなたがそれ以上の何かを本書から得てくれたら、私は幸いです。

私が初めて買った英英辞典は開拓社のものでした。その開拓社から、本書を出版できること、とても感慨深いものがあります。開拓社のみなさまには、心から感謝いたしております。

対崎《ついざき》　正宏《まさひろ》

〈編著者紹介〉
対崎　正宏（ついざき　まさひろ）
元両国予備校講師、元四谷大塚講師。
現在は、私塾や都内予備校などで、現代文、古文、漢文、小論文を教えている。
問題作成、医学部進学指導の経験も豊富である。

αプラス 入試突破
現代文〈評論〉の読み方

発行日　2013年（平成25年）3月25日　第1版第1刷©

編著者　対崎正宏
発行者　武村哲司
印刷・製本　東京電化株式会社

発行所　株式会社 開拓社
〒113-0023　東京都文京区向丘1丁目5番2号
電話（03)5842-8900　FAX（03)5842-5560
振替口座　00160-8-39587
http://www.kaitakusha.co.jp

ISBN 978-4-7589-3525-8　C7381　　装丁　中村志保子